JN022363

建築現場 ものづくり魂

イラストでたのしいケンチク生産

木谷宗一【著】 イラストレーション 川崎一雄

建設業界ってどんなところ？　最初はだ
画・計画・設計は、誰が、どんなことをするの？　れでも新人。　私のものづくりライフ　企
は儀式がいっぱい　現場で働くゼネコンの人々　建物は、完成したらそれでおしまい？　建築に
プロジェクトにチャレンジしてみたい　時代の動きに敏感でいよう　ぴかイチの凄腕を持つマイスター　海外の建設
ーションが大切？　仕事にはどういったコミュニケ
ジタル技術で　スムーズに。スケッチコミュニケーション　スケッチ力で仕事を
くりのやりがいを感じる瞬間　現場の作業所長さん　デ
はどんな人？　現場は、納豆の糸のように人と人を　現場との付き合い方　ものづ
の摩擦熱で動くもの　「ものづくりの心」が分か
気持ち　る本
で実現する環境との付き合い方
AI（人工知能）で建設会社はどう変わる？　グッとくる先達の言葉
将来性をどこで見るか　これからの休日出勤、時間外労働はどうなり
ますか？　新卒採用の年齢枠や採用試験の内容を知りたい　竣工のあとの複雑な
術者が働きやすい環境づくり　魅力ある建設業とは　デジタル技術
か？　現場ではなぜ、朝にラジオ体操をやるのですか？　建設会社の
た会社を辞める人がいるのはなぜですか？　現場で女性がくつろぐ場所はあります　女性技
組織として望まれる施工管理技術者とは？　現場は危険がいっぱい？　せっかく入っ
現場では、どんな失敗や苦労がありますか？　たとえ話
現場には、楽しいイベントがあります
から学ぶ、働くことの意味

彰国社

時空を超えた建築

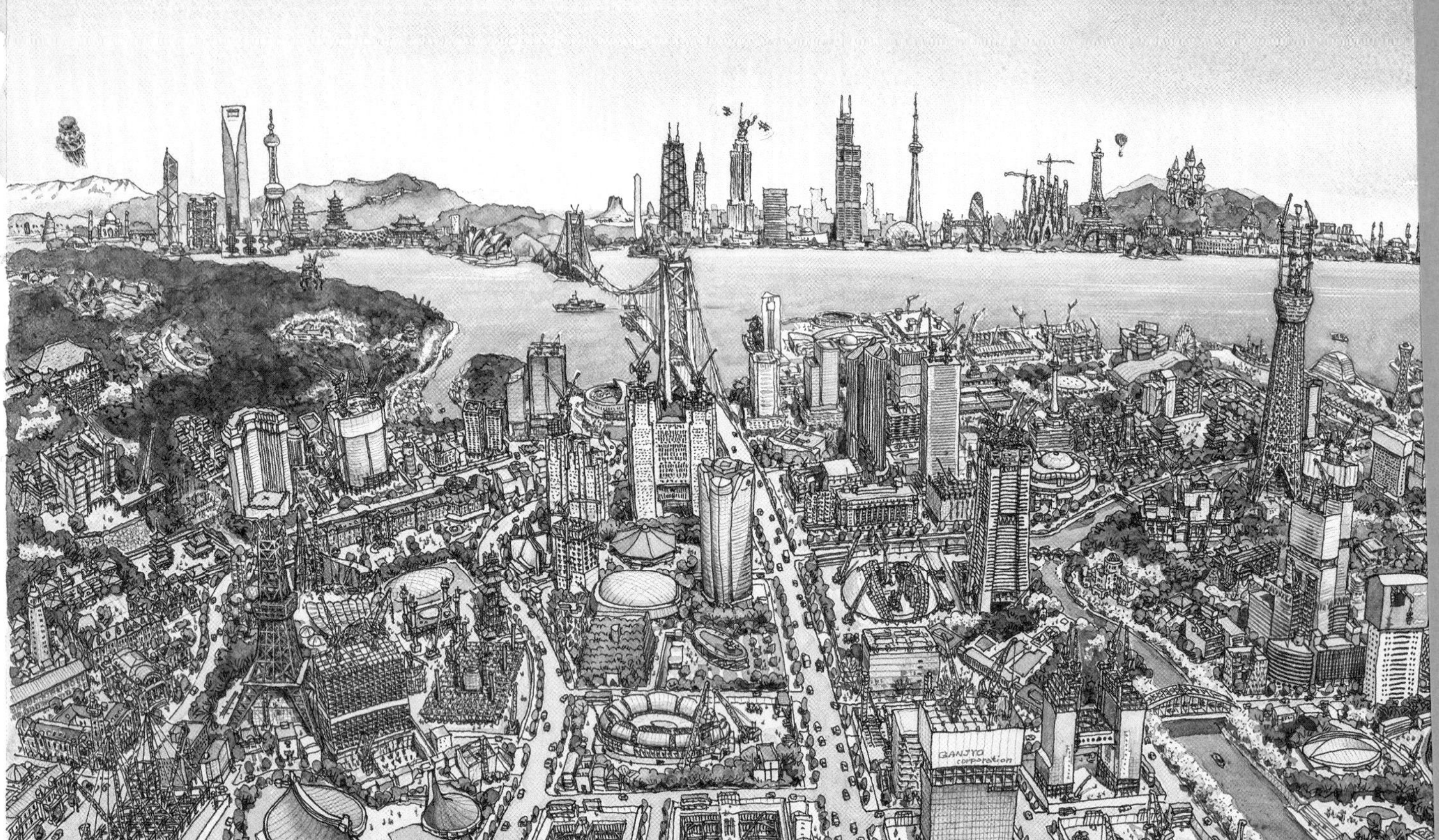

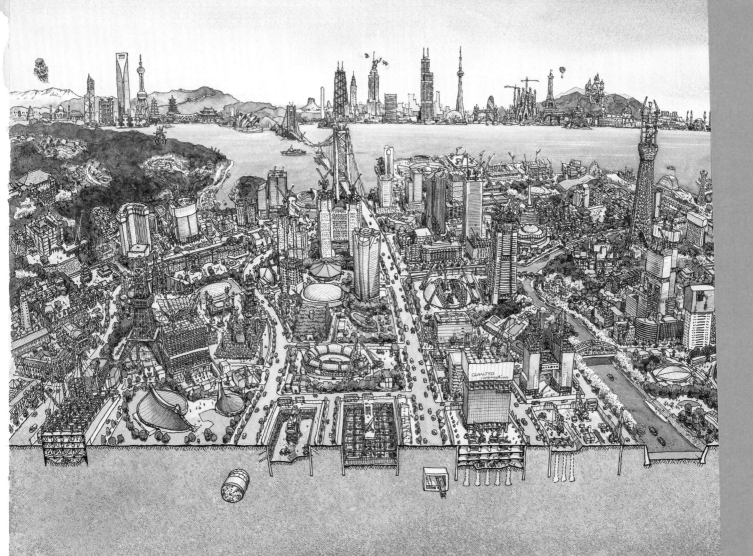

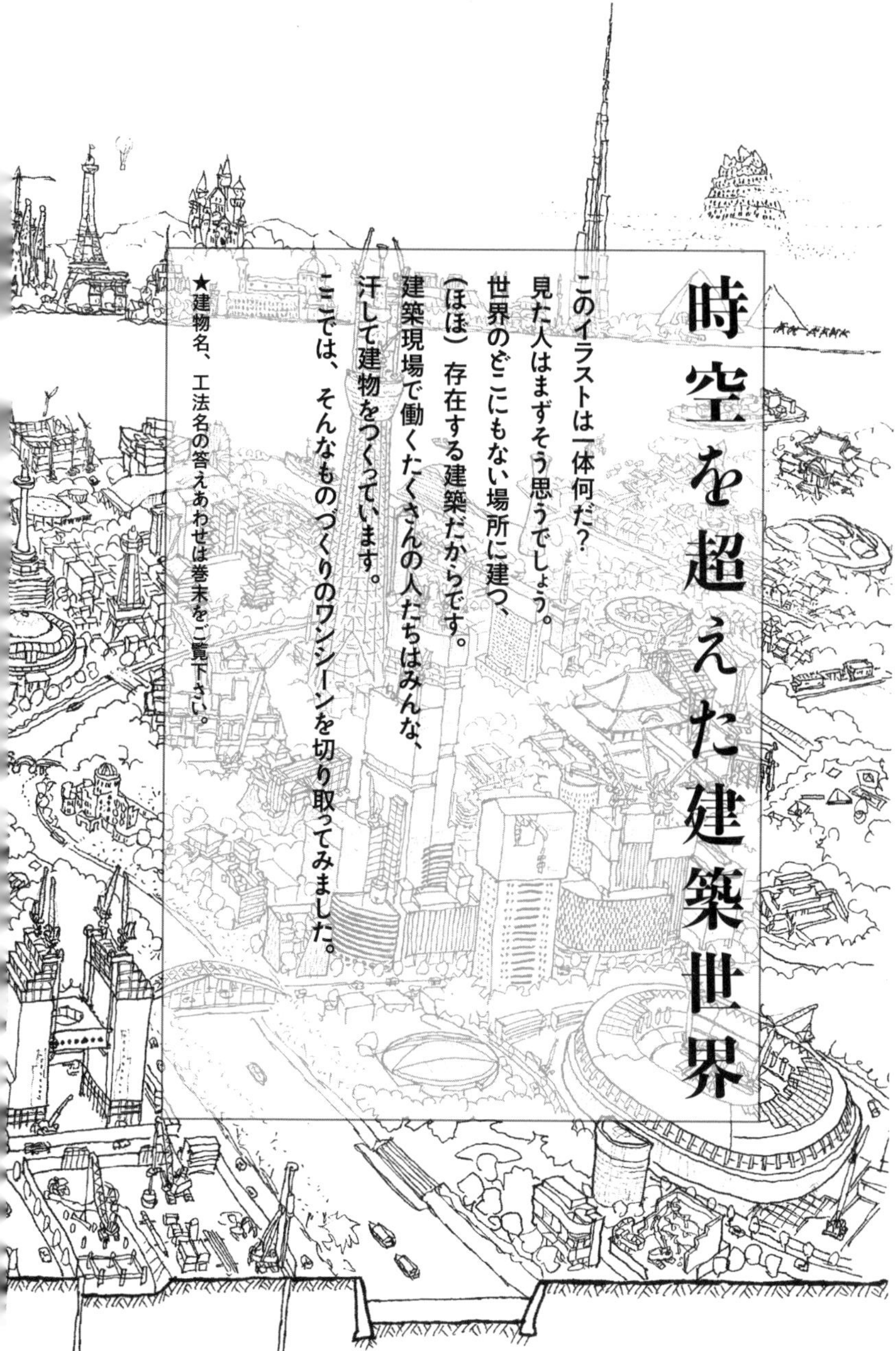

時空を超えた建築世界

このイラストは一体何だ？
見た人はまずそう思うでしょう。
世界のどこにもない場所に建つ、
（ほぼ）存在する建築だからです。
建築現場で働くたくさんの人たちはみんな、
汗して建物をつくっています。
ここでは、そんなものづくりのワンシーンを切り取ってみました。

★建物名、工法名の答えあわせは巻末をご覧下さい。

はじめに

建設業界は、「人が住まい、働くための空間や環境づくり」を使命とする「建築」と、「国土を守り、暮らしを支える社会基盤づくり」を使命とする「土木」とに分かれています。

建築は、機能・性能・利便性・美しさ等を満足させ、風雨や地震や台風といった自然現象から人を守ります。土木は、人やものの大きな流れをつくり、暮らしや産業に必要なエネルギーにかかわり、治山・治水により豊かな自然の恵みを享受できるようにします。

こうして、建築も土木も、一人ひとりが安心して活き活きと暮らせる環境づくりに貢献し、社会にとってかけがえのない役割を担っているのです。

本書は、特に建築にフォーカスし、建設会社の現実の姿やそこで働く人たちの日々の活躍、そして近未来像に触れながら、読者の皆さんに深く建築のありよう・やりようを理解していただくための羅針盤になればと願っております。

世界に誇る日本の技術力

建設業界は、1960年代の高度成長期から1990年代初頭のバブル崩壊に至るまで、建設ラッシュと呼ばれながら、日本の活力を支えてきました。20世紀半ばには、世界でも類を見ないゼネコン技術研究所を開設し、新時代の幕開けに向け、各社はしのぎを削り始めたのです。建設業界は、これを契機に日本の技術力の底力を世界に示し始めます。東京タワー（1958年）、首都高速道路（1962年）、東京オリンピック施設、東海道新幹線（1964年）を端緒に、日本初の超高層霞が関ビル（1968年）、日本万博EXPO'70（1970年）と続き、好景気に沸く日本の姿や技術力を世界にアピールする原動力となりました。

その後、オイルショックやバブル崩壊、リーマンショックといった経済の大混乱期にも次々沸き起こる社会ニーズに応え、数多くの大空間構造物（ドーム）を世に送り出しました。地震国日本であることから、地震フリーを実現する免震構造（1983年）を実用化し、甚大な被害となった阪神・淡路大震災（1995年）や東日本大震災（2011年）以後、人の命を守る建設技術には、いまもとどまることのない期待が寄せられています。このような新技術の事例は枚挙にいとまがありません。一方、生産性向上に対する国家的要請に対しても永遠のテーマとして取り組み、さまざまな工業化工法を創出し、いままた建設ロボット開発やICT、AI（人工知能）の積極導入に鋭意、力を注いでいます。

世界に誇る日本の建設技術のプライドを持って世に問う、これもまた私たちに課せられた大きな使命であると感じています。

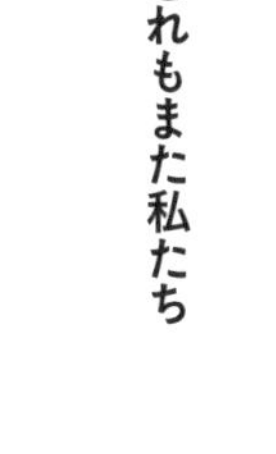

建設会社の果たす役割とものづくりにかかわる人々

建設会社は、政治・経済・産業・社会の動静と深く関係し、好況期は良いのですが、不況期になると、公共工事においては景気刺激策に、民間工事においては需要と供給のアンバランスのために熾烈な競争を繰り返します。これは宿命といえるかもしれませんが、建設業界を牽引する大手の建設各社は、いずれも100歳を超える長寿企業であり、幾多の荒波を超えながら、社会貢献を果たしているということができます。

その中で、建設会社に勤務する人たちには、まちづくり（開発事業）、営業、企画・設計、作業所、研究所などさまざまな仕事があります。建物はデザインに目がいきがちですが、見栄えの良いものをつくっても、機能や性能を満足しなければ建物としての価値はありません。サスティナブル（持続可能）な未来へ続く社会にするために、建築というものづくりにかかわる、あらゆる分野の専門家・技術者が、知識・技術と知恵を集結させてこそ、真のものづくりができるのです。建築は、もともと多様性（ダイバーシティ）で成り立ってきた世界だと思うのです。

建築の世界に身を投じて働きたいと思っている皆さんへ

将来、この世界に入ろうとする皆さんに、しっかりと伝えておきたいことがあります。

それは、いくら技術が進歩し環境が変わっても、建築の本質は、変わらず「人がゼロから生み出すものづくり」にあるということです。これまで無かったものを多くの関係者とともにかたちにしていく、その自己実現に向けた創造プロセスこそ「ワクワクの原点」だということを。

何千年もの間、時代の文化をつくってきた建築創造の世界です。「ものづくり」の一端を担おうと志す人に最も大切な資質は、誠意と誇りを持って貢献し続けられる気概を持つことだと思います。建設会社は、そのような若い人たちに広く門戸を開いています。

木谷宗一

はじめに――006

第I章 知ってるようで知らない建設会社

建設業界ってどんなところ?――022
建設会社（ゼネコン）ってどんなところ?――030
❶ 施工部門――030
❷ 技術系支援部門――034
❸ 設計部門、工事監理部門、技術研究開発部門――040
❹ 事務部門――044
建築生産にかかわる人々――047
建設会社に求められる役割――054

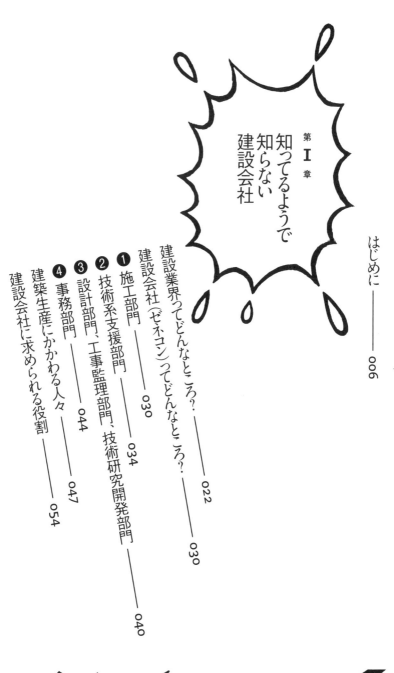

第2章
設計者から施工者へ。ものづくりを決める鍵

企画・計画・設計は、誰が、どんなことをするの？ — 068
設計図に求められるもの — 071
施工図とはどんなものか？ — 073
工事監理ってどんな仕事？ — 075
工期の設定で気をつけていることは？ — 077
建物は、完成したらそれでおしまい？ — 080

第3章 現場で働く人々

現場で働くゼネコンの人々 ― 088
仮設工事ってどんな人が働いているの？ ― 092
躯体工事ってどんな人が働いているの？ ― 097
仕上げ工事ってどんな人が働いているの？ ― 100
設備工事ってどんな人が働いているの？ ― 106
解体工事ってどんな人が働いているの？ ― 109

第4章 ものづくりの心

時代の動きに敏感でいよう ——— 120
仕事にはどういったコミュニケーションが大切? ——— 122
スケッチ力で仕事をスムーズに。スケッチコミュニケーション ——— 126
デジタル技術で実現する環境との付き合い方 ——— 130
形式知と暗黙知、どっちが大事? ——— 134
ほんとうのものづくりに、ごまかしはきかない ——— 136
ものづくりのやりがいを感じる瞬間 ——— 139
現場の作業所長さんはどんな人? ——— 142

建物は、完成しても維持・
改修しやすい施工の配慮が不可欠 ―― 144
現場は、納豆の糸のように
人と人との摩擦熱で動くもの ―― 146
施工管理技術者としての
責任を持ち、業務にあたる ―― 149
ものづくりの苦労が報われる時 ―― 152
「機能」と「デザイン」のバランス ―― 155
「ものづくりの心」が分かる本 ―― 157
グッとくる先達の言葉 ―― 166

第5章 変わる建設会社

AI（人工知能）で建設会社はどう変わる？ —— 172
仕事における生産性向上のテーマと撤退のマネジメント —— 175
魅力ある建設業とは —— 178
建設会社を担う人材 —— 181
建設会社の将来性をどこで見るか —— 183
人材（人財）を育て、価値をつくる —— 185

第6章 建設会社根ほり葉ほり

これからの休日出勤、時間外労働はどうなりますか?——192
新卒採用の年齢枠や採用試験の内容を知りたい——195
女性技術者が働きやすい環境づくり——200
現場で女性がくつろぐ場所はありますか?——205

現場ではなぜ、朝にラジオ体操をやるのですか？ —— 207
せっかく入った会社を辞める人がいるのはなぜですか？ —— 209
現場は危険がいっぱい？ —— 211
現場には、楽しいイベントがあります —— 213
現場には、働く人のモチベーションを高めるセレモニーがあります —— 216
現場では、どんな失敗や苦労がありますか？ —— 220
たとえ話から学ぶ、働くことの意味 —— 223
組織から望まれる施工管理技術者とは？ —— 227

［コラム］◉建設業界がぐっと近くなる
❶日本のスーパーゼネコン —— 058
❷最初はだれでも新人。私のものづくりライフ —— 060
❸建築には儀式がいっぱい —— 083
❹ぴかイチの凄腕を持つマイスター —— 112
❺海外の建設プロジェクトにチャレンジしてみたい —— 114
❻竣工のあとの複雑な気持ち —— 168
❼暗黙知から継承する現場管理の心得 —— 187

資　料 —— 231
時空を超えた建築世界 —— 003 238
いとしき建築世界 —— 243

おわりに —— 244

【図表作成＝木谷宗一】

カバーデザイン・本文アートディレクション&DTPオペレーション
(Ya)matic studio

第I章 知ってるようで知らない建設会社

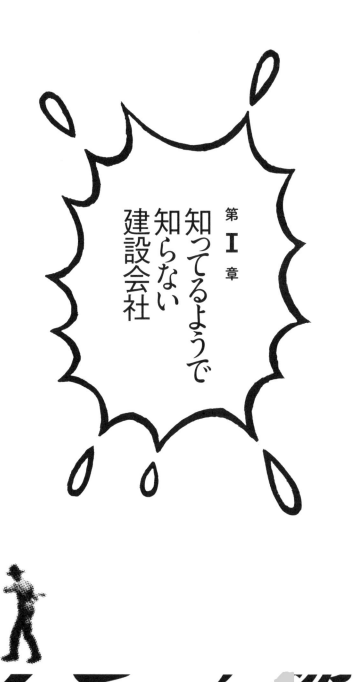

建設業界ってどんなところ?

建設業界は、設計会社、建設会社、専門工事業者、住宅メーカーという4つの分野に大きく分かれています。なかでも建設会社は、建築・土木の工事に携わる会社のことをいいます。本書では主に建築の現場について紹介しますが、それぞれが密接にかかわっているため、簡単な位置付けと仕事について説明します。

事業計画立案や企画・設計を行う
＝設計会社

設計会社は、大手設計会社もあればアトリエ系と呼ばれる意匠デザインを専門とする個人事務所もあります。建築主の事業計画立案の提案や企画・設計、

【パソコンでCAD★図作成】

★CAD
Computer Aided Designの略。「キャド」と読む。

工事期間中の工事監理や検査も行います。建築設計には意匠設計、構造設計、設備設計などの各分野があります。大手設計会社では総合的に取り組むことができますが、中小の事務所や個人事務所では、各分野の専門設計事務所と共同で設計を行うことがあります。

建築・土木の工事を請け負う＝建設会社（ゼネラルコントラクター。略してゼネコン）

ゼネコンは、建築・土木工事を建築主（発注者、施主、お客様とも呼ばれます）から単品ごとに請け負って生産する、単品受注生産の請負業です。

工事ごとに建物、場所、気候風土、工期、工事を管理する施工管理技術者、専門技術を持つ技能労働者（作業員・職人とも呼ばれます）たちがいて、着工してから竣工に至るまで設計図書に基づき、要求された性能をすべて満足させながら工期どおりに建物をつく

【スケッチエスキース】

ります。

建築では事務所建築（オフィスビル）や高層マンションをはじめ、ホテル・学校・商業施設・大空間構造物（ドーム・スタジアム）などのあらゆる建築物を施工します。

土木では道路、トンネル、ダム、橋梁、鉄道、護岸など社会のインフラを支える大規模な構造物を施工します。インフラ整備を伴う大規模な都市の再開発事業や空港などは、土木と建築が一体となって、共同で施工を行う場合があります。

これらの施工は、設計と施工が分離された分離発注方式（他社設計）物件と、設計も行う設計施工発注方式の物件に分かれますが、いずれも多くの課題を克服しながら施工管理します。

建築において国内の物件は、大手・準大手の建設会社では分離発注方式と設計施工発注方式がほぼ半々になっているのが昨今の傾向です。

ほかにも
2案ほど
準備
しています
お客様の
想いをカタチ
にするのに
苦労しました

【模型・パースで検討中】

いずれにしろ専門の知識を集め、長年培われた技術・ノウハウを駆使して合理的な5つ（QCDSE）の施工管理、つまり品質管理（Quality）・原価管理（Cost）・工程管理（Delivery）・安全管理（Safety）・環境管理（Environment）を行い、工期に間に合うよう建築主に建物を引き渡します。

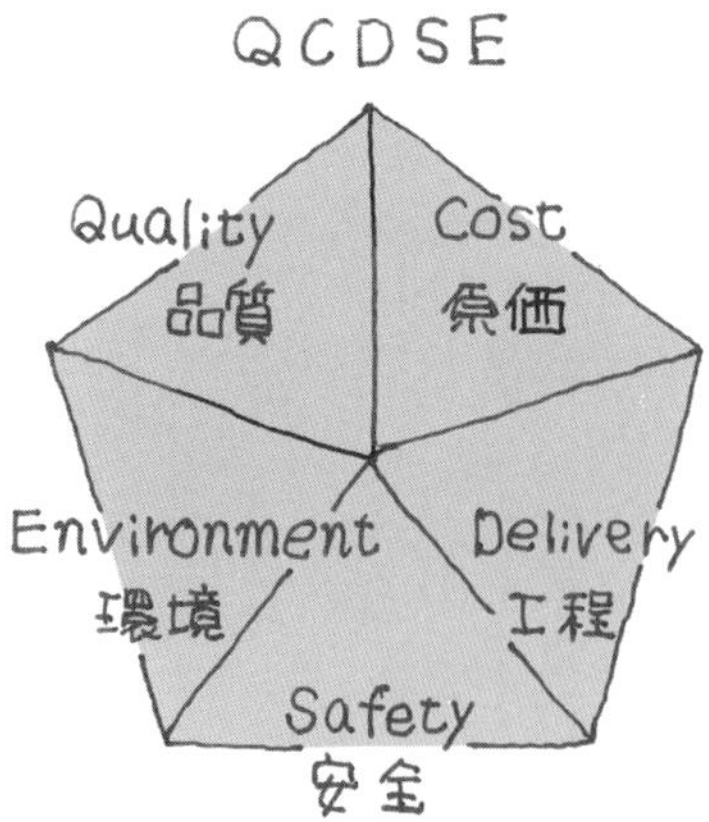

5つの施工管理要素

【会議説明】

会議ではプレゼンテーション能力が最も重要だ

【現場指示】

新入社員諸君！現場員は的確な指示と確認が非常に重要だ！

◀◀▼工事管理を行う施工管理技術者には、いろいろな仕事があります。

【デスクワーク】

施工計画・図面作成・数量拾い（★）など

施工計画の作成は工事運営上のカナメだ
数量拾いと合わせて車の両輪のようなモノ！

★数量拾い
設計図書による躯体から仕上げまでのあらゆる材料、および施工上発生する仮設材や掘削土などの数量を算出すること。工事費用を算出する元になる。

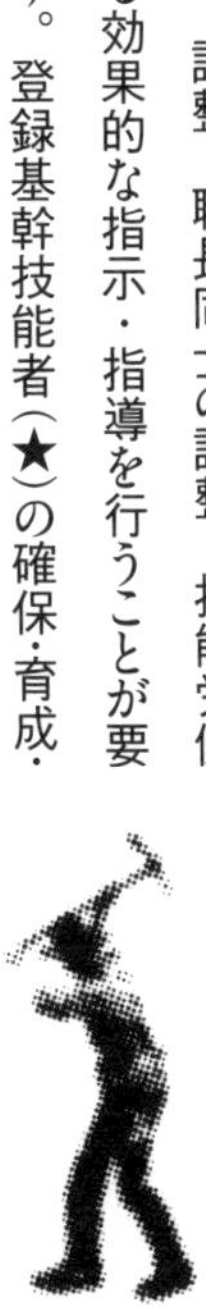

専門技術を持つ職人集団＝専門工事業者（サブコントラクター。略してサブコン）

サブコンは、建築分野では45職種以上に分かれています。専門工事業には鳶工、型枠大工、鉄筋工、左官工、造作大工、サッシ工、防水工、塗装工、内装工、電気工、配管工などの専門工事を行う各職種の技能労働者＝プロ集団の職人がいて、ゼネコンは工事ごとにサブコンへ各種工事の発注を行います。

技能労働者が建設現場において品質、コスト、工程、安全、環境面で質の高い施工をしていくとともに、生産性向上を図るためには、技能労働者の中核をなす班長というべき職長の果たす役割が重要になります。

現在、各専門工事業団体では、職長はゼネコン技術者に対する適切な施工法、作業手順についての提案・調整、職長同士の調整、技能労働者に対する効果的な指示・指導を行うことが要求されます。登録基幹技能者（★）の確保・育成・

★登録基幹技能者
優れた技能、マネジメント能力を備えた技能者に対する資格認定。（112頁参照）

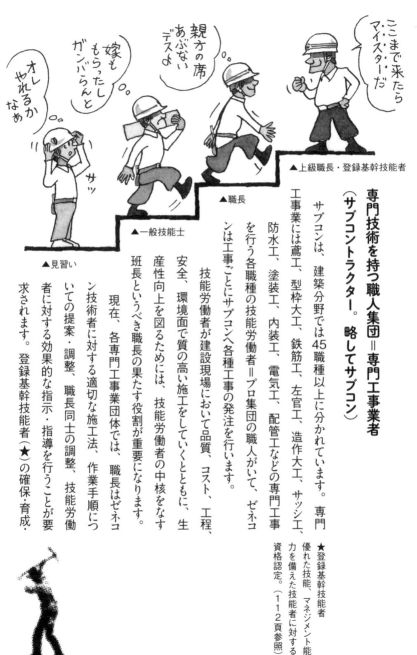

活用が進められています。

設計から完成までシステム化＝住宅メーカー

住宅メーカーは、住宅建設会社と呼ばれています。戸建てと集合住宅に分かれます。規模の違いはあれ、建物をつくるプロセスは同じです。大手住宅メーカーでは注文住宅・マンションがメインとなります。大量発注に応じた規格品や標準ディテールを活用するため、プレハブ化・合理化された住宅が基本となります。

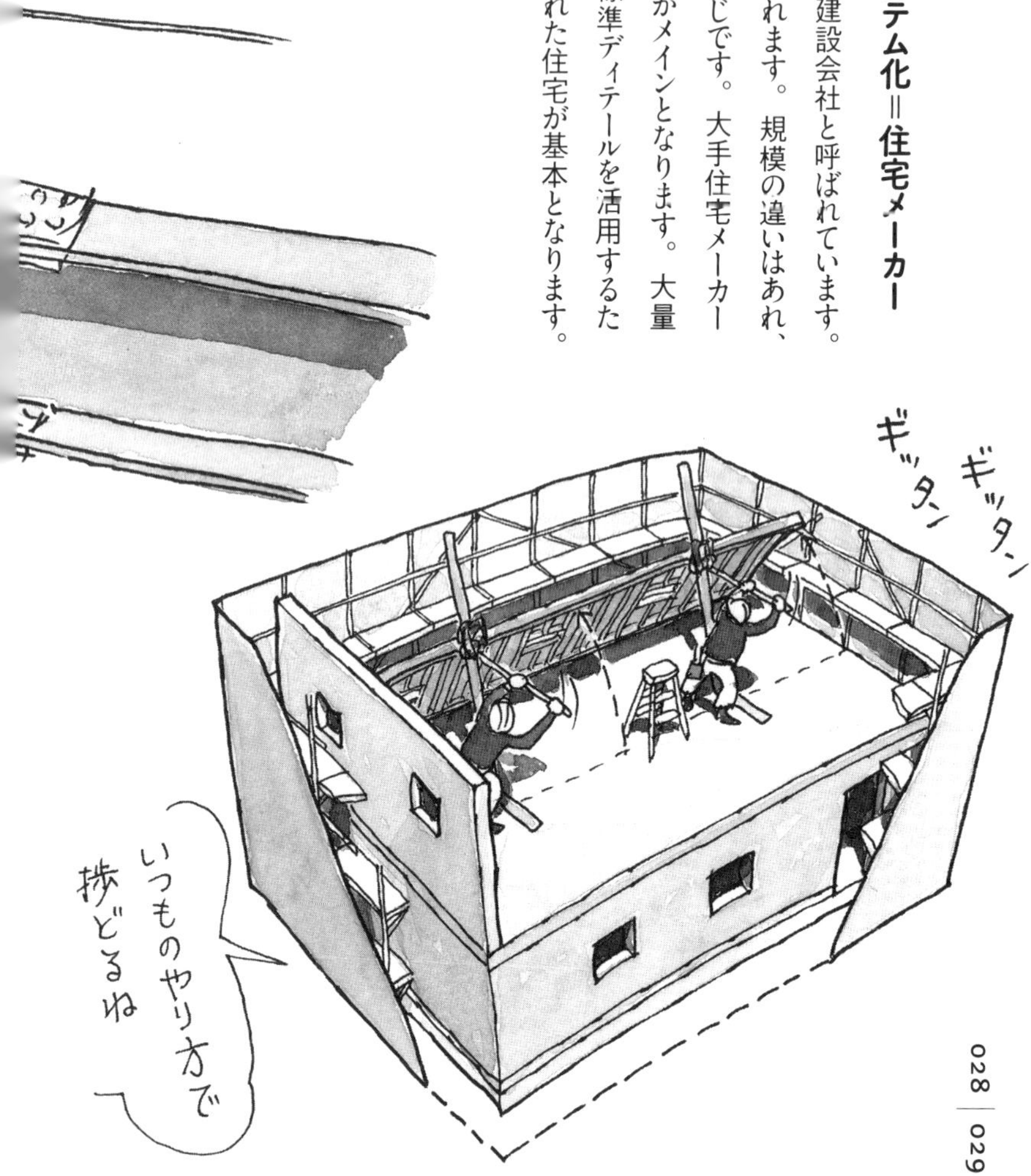

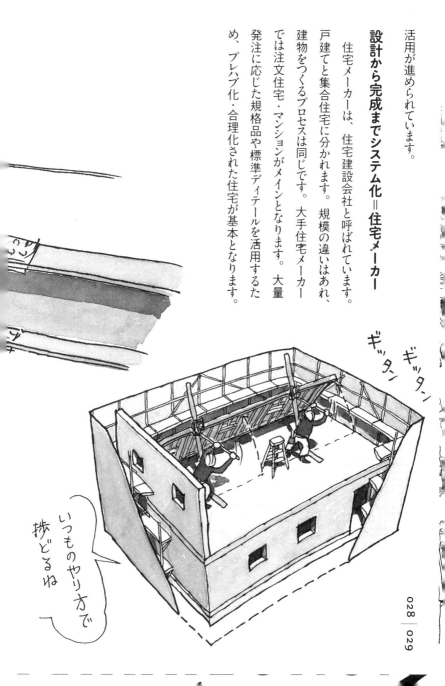

★スラー
巻き下げ＝slack away
反対用語にはゴーヘイ
巻き上げ＝go aheadがある。

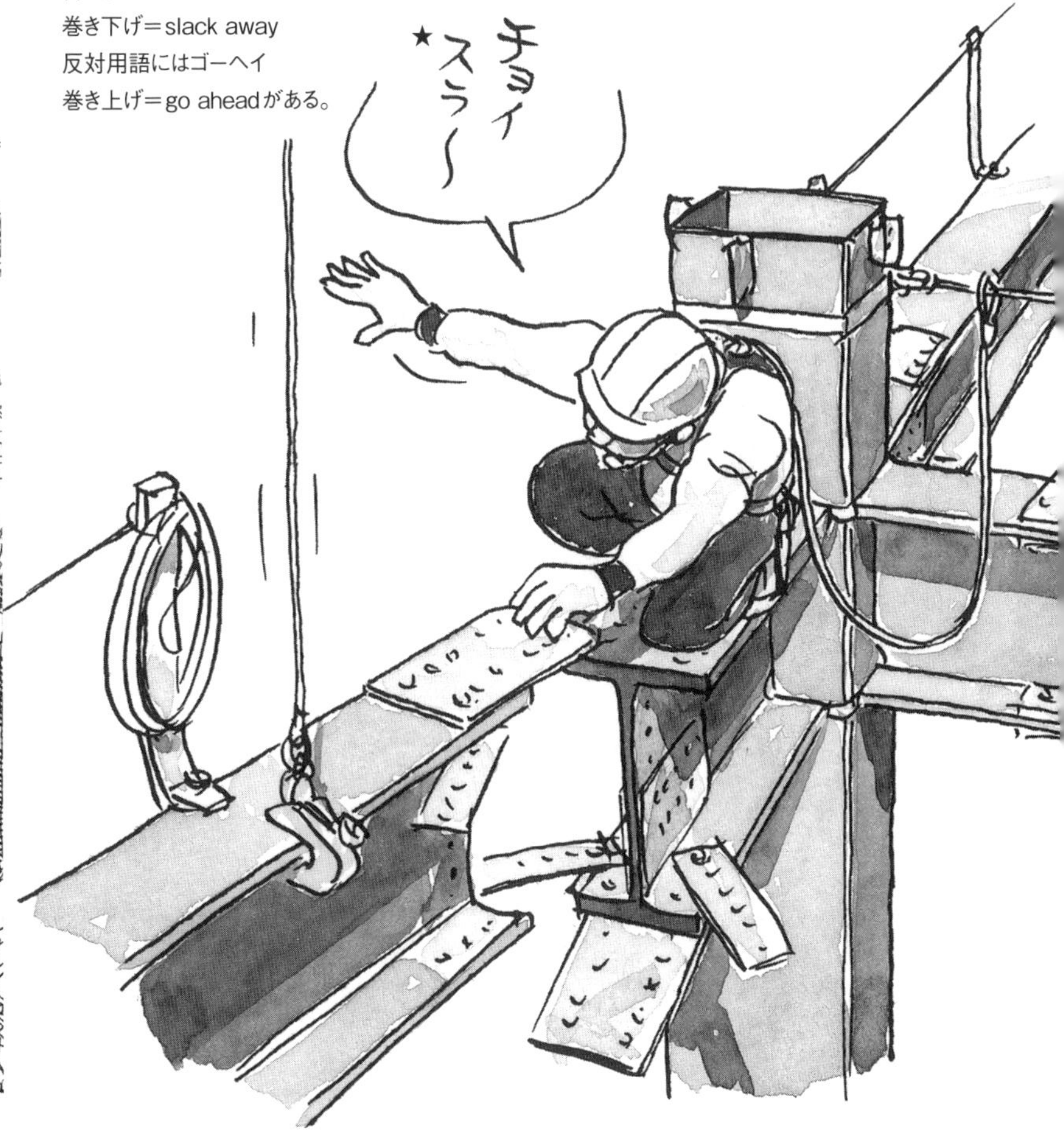

建設会社（ゼネコン）ってどんなところ？

ゼネコンには、建物をつくる❶施工部門、❷技術系支援部門、建物の企画・設計・監理や技術研究開発を行う❸設計部門、工事監理部門、技術研究開発部門、技術系他部署をも含めて支援する❹事務部門などがあります。

建物をつくるために、どれだけの人と知恵が集まってものづくりが進むものかがよく分かります。

❶施工部門

【現場】（現場事務所、作業所事務所、工事事務所と呼ばれる現地で働く事務所と、建物をつくる場所そのものの両方をいいます）

ゼネコンは、工事の着工から竣工までの工事を管理し、建物をつくります。そのために必要な資材の調達やサブコンへの各種工事・建設機械の発注を行います。工事に適した専門業者を選定し、安全に、効率良く、品質の高い仕事ができるようにマネジメントするための作業を、現場事務所で行います。

現場事務所とは、現場の敷地内に仮設でつくる事務所を指します。敷地にゆとりがない場合は、近隣の貸事務所を利用する場合があります。

現場事務所には、最高責任者である作業所長と呼ばれる人がいます。仕事を教えてくれる先輩や上司には工務長や工事長や工事課長（各社によって呼び方が違います）がいて、「工事担当」として施工管理を担当する若手社員（現場監督・現場員とも呼ばれます）がいます。これらのすべての人たちを施工管理技術者と呼びます。

事務所内部とは、ゼネコン技術者や事務員が日常のデスクワークや作図作業を行う場所、サブコンの技能労働者（作業員・職人とも呼ばれます）の休憩所、ゼネコンと全職長との打合せを行う会議室などがあり、現場で働く人の環境が整えられています。

日々入場するサブコンの技能労働者は、ゼネコンから部分工事を下請負いし、工事を行います。現場での適切な作業ができることはもちろんですが、技能面ばかりではなく、施工管理力も併せ持つ人が活躍しています。

現場はゼネコンの主導のもと、サブコンと共同でものづくりを行うことになります。ゼネコンの若手社員にとって仕事は分からないことの連続ですが、先輩技術者やサブコンの技能労働者とかかわっていくうちに教わることは多いはずです。

【サブコンとの打合せ】

さ、そんなムチャな・・・・
まあそう言わんと一週間以内でなんとか・・・・
無理強いはダメですよ！
所長！例の件資材の手配済ませましたのちほど報告します

【管理職】　　　　　　【デスクワーク】

❷技術系支援部門

現場事務所を支えるゼネコンの支援部署（内勤）は、会社の規模により名称が異なる場合があります。ここでは中規模以上のゼネコンを例に説明します。

【工務部】

各現場の原価管理をまとめて、本社に現場の業績を報告します。工事中における予算管理や損益管理はもとより、最終完成工事利益を把握し、会社としての利益管理を行います。原価管理の専門部署がない場合は各支店の建築部長や支店長が管理し、本社に情報を伝達する方式もあります。

【技術部】

他社設計物件、設計施工物件を問わず、基本となるすべての工事計画・工程計画を行います。最近は大型コンペ対応も重要な業務となっています。

総合仮設計画（仮囲い・ゲート・仮設事務所やクレーンの

…であることと北面の鉄道近接で地下は逆打工法が最適かと
ヨシ！その方法で進めて行こう
次の打合せ待ってますヨ
トントン

配置など）に始まり、工程やコストに大きく影響する地下工事計画（主に杭工事、山留工事、根切り工事、排水計画）に至るまで、経験を積んだ計画力が必要となります。着工してからの工事も重要ですが、工程計画においては、適正な工期確保や全体工期の中での工事量のバランスと適正な工期配分が必要です。工事計画以外に現場職員の配置や技術開発の推進、作業所巡回における技術指導、さらにトラブル対応も行います。

【見積部】

設計図面と特記仕様書（両方を設計図書といいます）に基づいて工事費を算出します。企画から基本設計、実施設計の段階で試算・概算・明細見積に分かれます。また、見積原価と併せて建築主に提示する売価（原価＋利益）も算出・設定します。本支店長が決定した売価を建築主と交渉することは、合意できるかどうかで利益を大きく左右するため、営業部とともに行う重要な任務となります。

【調達部】（会社によっては、現場ごとに調達をするところもあります）

ものづくりの一環として、工事に必要な資材や労務職を調達します。海外の資材の調達や新規業者を開拓することも数多くあります。大型プロジェクトで物量が多い場合は調達だけで億単位のお金が動くこともあります。複数物件の資材をまとめて大量に購買することによって低価格で調達することも可能です。調達部は、常に世の中の物価変動を視野に入れながら、調達するタイミングも十分に検討しなければなりません。

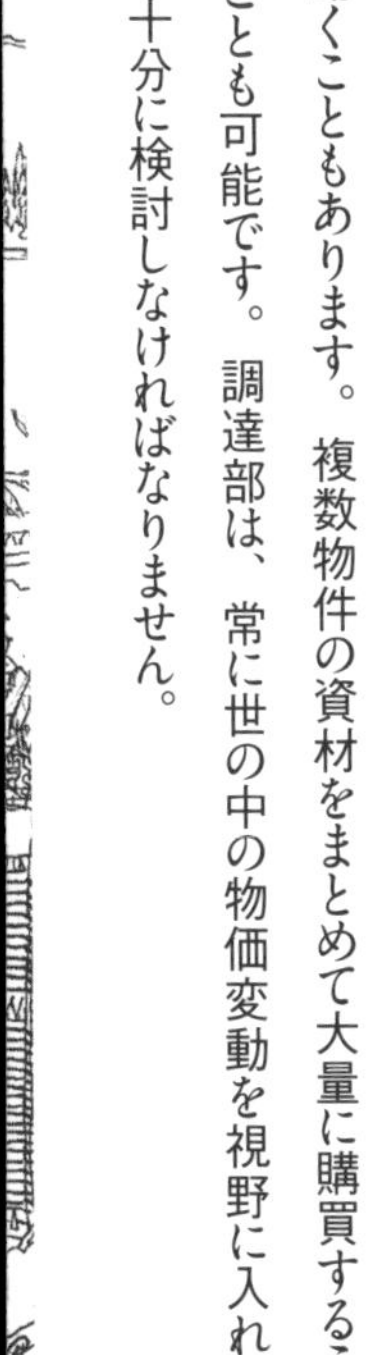

【生産設計部】

他社設計物件、設計施工物件のいずれの場合も、現場の施工図支援が重要な使命になります。施工図とは、設計事務所や設計部が描いた図面（設計図書）をもとに、施工に必要な躯体図や各種の詳細な納まりの情報がさらに描きこまれた図面をいいます。施工図はもともとゼネコン社員が描いていたものですが、大きな規模の現場で多忙な業務をこなすため、外注することが一般的になりつつあります。そのため社員が自ら施工図を描くことがほとんどなくなり、施工図に対するスキルが低下（読めない、描けない）している現状があります。

そこでゼネコンの中には、施工品質やコストの根幹たる施工図を集約して作業し、管理ができる専門部署をつくり、現場と協業体制を取るところも出てきました。中小ゼネコンでは施工図を社員自ら現場で描いているところもあり、本来はそうあるべきだと思います。それは自ら描くことにより、試行錯誤しながら図面を頭の中に入れることができるからです。

また近年は原点に返って、若手の社員にスケッチを描かせることで、施工の方針を打ち出すこと（スケッチコミュニケーション）も行われるようになってきました。特に、設計段階に生産情報を織り込んだフロントローディング（70頁参照）を行う場合にも、施工図の役割は大きくなってきています。また、設計図から施工図までの一貫するプロセスとしてＢＩＭ（Building Information Modeling＝部材情報を持った3次元の建物モデル。複雑な納まりの検討や図面の整合性を図る）の活用も増えてきています。

【設備部】

設備工事全般を管理しています。機器の性能確保や配管の接続といった品質管理、高所作業・感電防止の安全管理はもとより、各機器の納期確認、つまり全体工程管理も行います。設計施工物件の場合は設計者との協議による図面・仕様のブラッシュアップや省人化技術活用による生産性向上、自然エネルギーを活用した技術などの環境配慮工法、低炭素化技術を活かした展開も行っています。

さらにBIM活用やICT基盤の強化、デジタル化変革も推進します。また、設計変更に対するコストの増減管理も行います。冷暖房の温度や空調機の風量など、設備の最適な試運転調整期間の確保と性能管理も設備部の重要な役割となっています。

【安全環境部】

安全面では、労働安全衛生法に基づいた定期的な安全パトロールを行い、現場（ゼネコン社員とサブコン事業主）に対して教育・指導します。現場での危険作業の事前打合せやリスクアセスメント（危険性の事前調査）の実践指導を行い、特に墜落災害防止対策や機械関連災害防止対策を展開し、無事に現場作業が行えるようサポートします。また、サブコンに対し労災保険の加入手続き、災害対応・建設業退職金共済制度等の支援も行います。

一方、環境面では建設副産物（産業廃棄物処理）の管理や3R（リデュース＝ゴミそのものを減らす、リユース＝繰り返し使用する、リサイクル＝再資源化）運動の推進や危険有害物（石綿・

PCB・放射線など）の対応を行います。

【品質管理部】

工事着工前には、設計図書の確認を行い、事前の技術審査会を行います。技術審査会では、設計図書から品質の問題が発生しそうな仕様や納まりを指摘し、設計者や現場に対策案を提示します。これにより、品質問題の発生予防が図られます。

工事中は、一般的に施工検査や品質巡回を基礎構築時、1階の躯体構築時、最上階躯体工事完了前の3回程度行い、現場の品質管理の支援と強化に努めます。また、工事終了時に竣工検査を行い、指摘事項があれば是正指示をします。

第一

地下も整頓が行き届いている
手スリも巾木も大丈夫
ハイ！安全には人一倍気をつけています
ボルトナットのゆるみナシOK！

工事中や建物完成後に品質問題が発生した場合の対応も行います。そこから得られた品質問題の発生要因に対する予防情報を共有して活かすことも行います。

【リニューアル部】

各社とも新築だけでなくリニューアルにも力を入れており、RN部は、建築主に引き渡した後の建物維持・保全・改修などについて関連部門と連携して対応します。

建物の調査を実施し、調査結果に基づいた長期保全計画書の作成や改修工事の提案を行います。また実施された改修工事の建物保全の履歴を管理し、このような対応を実施できる体制を社内に構築していくこともミ

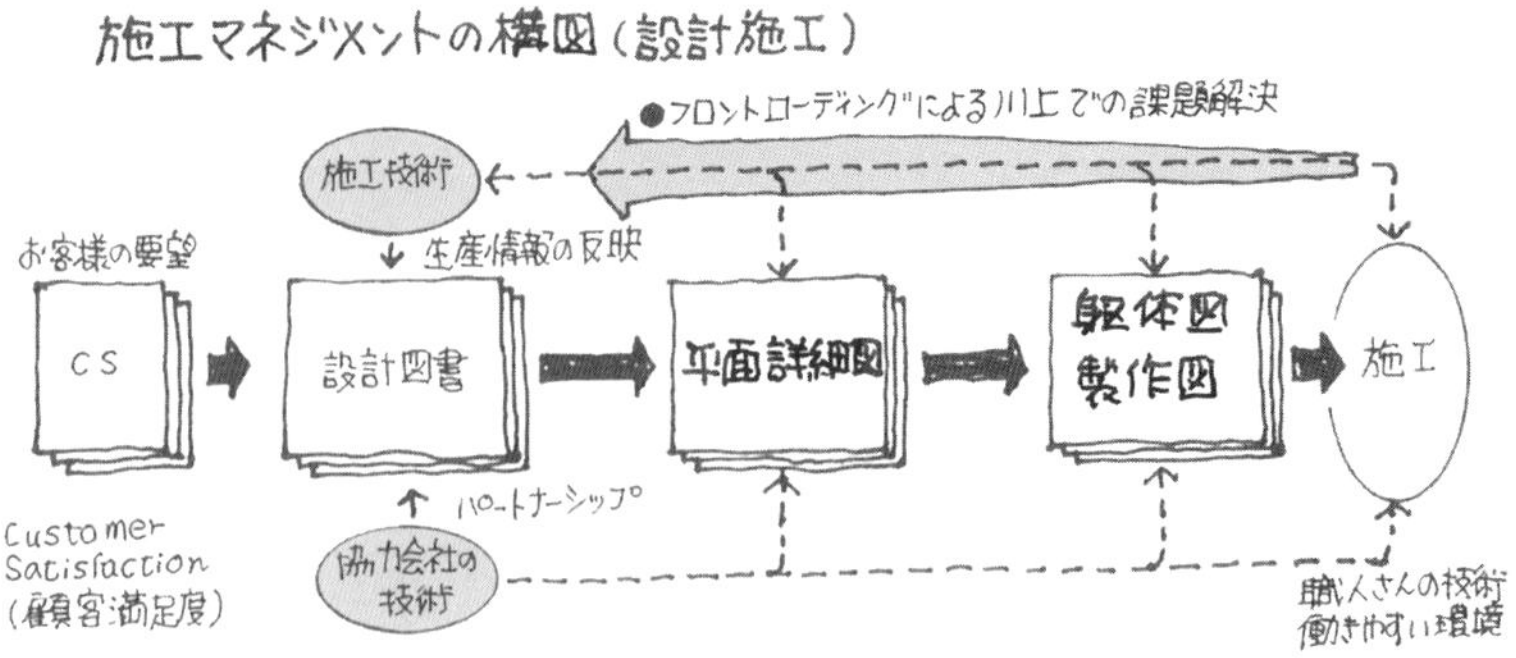

ツションに含まれます。会社によって部門の呼び方や役割が多少違いますが、リニューアル対応の社外窓口になるとともに、社内のリニューアル対応を推進していきます。

❸設計部門、工事監理部門、技術研究開発部門

仕事を受注したのち、建築主の希望する建物の設計・工事監理を行う部門と、技術の研究開発を行う部門を紹介します。

設計部門

【設計部】

建築主の依頼により、企画・計画・設計を行います。

組織が大きくなると設計部には意匠・構造・設備の３部

門があり、これらが協業して、基本設計から実施設計へと作業を進め、確認申請の提出・許可受領までが着工前の主な業務です。その他、インテリア、サイン、ランドスケープ（景観・造園）の業務もあります。

意匠設計者は、着工してからも、建築主との間で期中での「もの決め」（材料・機器の仕様や形状・色や各種寸法など）の総合的な対応があります。これは、工程やコストを左右する重要な業務です。また、設計変更対応もしなければなりません。

構造設計者は、建物の特性に合わせて構造種別（ＲＣ造、ＳＲＣ造、Ｓ造など）に免震や制震を組み合わせて全体の構造計画を決定します。そして施工段階で問題が発生しないよう構造計算をして各部材の断面や仕様の決定、さらに詳細な部材の取合いを詰めていきます。

設備設計者は、建物の電気、空気調和、給排水衛生、昇降機などの面で建築主の要望に合わせた機能を満足させる設計をします。

設計段階で重要なことは、建築主のニーズを反映した設計仕様をつくり込むことと、併せて工期やコストをふまえてバランスの良い仕様決定をすることです。

工事監理部門

【工事監理部】

設計施工にあっては、設計者や施工者とは独立した工事監理部の工事監理者が、工事と設計図書との照合を厳格に行い、確認します。工事請負契約どおりの建物を建築主に引き渡せるよう、建築主から委託を受けた工事監理業務の内容と手順と実施体制を、建築士法に基づいて行います。

工事が設計図書のとおりに実施されていない場合は、ただちに現場事務所の施工管理技術者に対してその旨を指摘し、是正するよう求めます。施工管理技術者が従わない時は、その旨を建築主に報告しなければなりません。分離発注方式の場合は、同様の業務を設計事務所の工事監理者が行います。

アチャー!! うっかり〜…
キミ! ★裏込めが抜けとるじゃないか?!! ナンのための切梁だ!

★裏込め
切梁の水平力を山留め壁に伝達するため、山留め壁と腹起しの間の隙間をくさびやモルタルなどで埋めること。

未来型コンクリートは5年後には実用ですよ！
やったーうれしー!!
実験成功だ！キミの努力が実ったな

技術研究開発部門

【技術研究所】

日本独特の組織であり、海外には研究所を持つゼネコンはありません。施工部門と協力して研究する組織であるため、施工技術は世界中で高い評価を得ています。

技術研究所では、建築構造（耐震、振動、耐火、材料など）、地盤工学、仕上げ材料、音響、設備環境、工場プラント系、フロンティア系（海洋、宇宙等）といった、専門性の高いさまざまな研究分野があります。ロボット系やＸＲ（ＡＲ、ＭＲ、ＶＲ）、人流解析などのＩｏＴセンシングによる建設分野のデータ解析の未来像については、研究・開発する領域が増えています。こういった最新テクノロジーは世界の最新技術の潮流をとらえ、最小限の投資で大きな効果を生み出す技術が必要とされています。したがって、最近は自社単独で研究開発を行うスタイルは少なく、オープンイノベーションと呼ばれる異業種との共同開発やベンチャー企業とのコラボレーションやゼネコン同士の共同開発など、従来にはなかった研究・技術開発が生まれています。

❹事務部門

直接の利益を生み出す部署とは違いますが、会社の基盤を支える部署の仕事を紹介します。

【総務部】

社内業務全般にわたって部門間の協調を図る調整業務と、部門それぞれの目的が達成されやすいようにサポートする支援業務を主な業務としています。具体的な業務としては、文書管理、株式、契約や法律関係にかかわる法務、備品の発注を行うなどの庶務といった事務業務を手掛け、BCP（事業継続計画）の推進やリスク管理業務にも対応します。

【経理部】

日々の入金・支払といった出納業務を行うとともに、必要資金を細かく予想して効率的に調達・運用する資金管理業務を行います。会社の行うすべての取引金額を会計処理し、財政状態と経営活動の成果として正確に把握してステークホルダー（利害関係者＝建築主他）に開示し、経営者へ計画的な経営活動の情報を提供するといった財務管理業務を行います。各種納税業務や公認

会計士監査、税務調査といった審査業務にも対応します。ゼネコンの会計処理には、一般企業とは異なる「建設業経理」という職種があります。

【人事部】

企業活動のために必要な人材を採用し、効果的な教育プログラムにより社員の能力を育成します。また、適材適所な配置と公平な評価により本人のモチベーションを高めながら、人的投資効率の向上を図ることも重要な任務となります。具体的には採用、教育、配置、評価、昇格、福利厚生（健康管理を含む）、給与・賞与支給、退職といった手続きに関する業務に対応します。建設会社の人事配置には、定期的な人事異動以外に、さまざまな場所とタイミングで施工される現場へ、必要な人材をタイムリーに調整・配置する作業（技術部と協業）もあります。

【営業部】

建設業は請負産業であるため、建築主からの案件の受注は企業活動の出発点となります。社会情勢や経済の変化を敏感に察知し、建築主から信頼を得られるビジネスパートナーとしてのポジションを確保しておくことが大切です。

具体的には、建築主の事業や建設に関する課題に対してニーズを探り、提案します。常に全方位からの情報へ感度を高めて将来のプロジェクトを察知し、効果的・効率的・優位的に受注活動を推進・展開する計画を立案し、設計部や技術部・設備部といった関連部門と連携してプロジェクトを確実に受注することが任務です。

また、大型プロジェクトやドームのような特殊な建物、技術的難易度の高い建物には、技術系支援部門・技術研究開発部門も協力する技術営業があります。

設計のモノ連れて参りました
先立てのおハナシこういう提案を作らせて頂きました
ヤヤヤァ！あの時の雑談がビジネスになりましたかな？サテサテ・・・

建築生産にかかわる人々

建築プロジェクトでは1つの建物をつくるために企画・設計・施工が行われ、維持保全・改修につなぎます。これら一連の建築行為の総称を建築生産といいます。建築施工はプロジェクトにおいて、計画、設計に従い建物を構築する作業です。現場においてゼネコンは施工管理が主な役割であり、建築生産にかかわる主な人々は建築主（発注者・施主・お客様）、設計者、工事監理者、施工管理技術者（ゼネコンの現場監督）、技能労働者（サブコンの作業員・職人）です。

【建築主】

建築主は、発注者や施主、お客様とも呼ばれます。個人である場合と、会社のような組織の場合があります。公共施設の建設工事では、国や地方自治体が建築主です。建物を建てるため、また、その後の維持管理をするための企画をし、工事を発注します。建

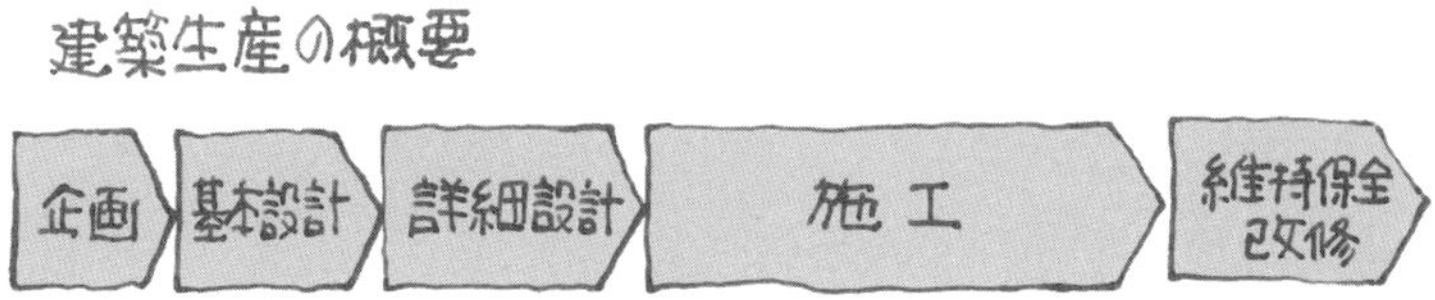

築プロジェクトでは、建築主は予算の確保、建築物の種類や規模の設定、採算計画、現場の近隣調整などを行い、設計事務所やゼネコンまたは設計施工を行うゼネコンを選定し発注、契約します。

【設計者】

設計者には大別して、意匠・構造・設備があります。これら以外にインテリアやランドスケープを設計する人もいます。設計図書（図面の総称）には特記仕様書のほか、意匠図・構造図・設備図の3種類があります。

意匠設計者は、建築主の「こんな建物を建てたい」という想いをかたちにするために、建築主から設計の依頼を受けて業務を行い（設計業務委託契約といいます）、意匠図、特記仕様書（施工上、注意すべき事柄を記した書類）などを作成します。意匠図は、建築物の形態や間取り、仕様が設計され、図面化されたものです。そのほか、役所に提出する確認申請届の提出や工事中に「もの決め」や「設計変更対応」を行います。

構造設計者は、建築構造物が積載荷重や地震荷重・風荷重などの水平力に対して変形や応力に耐えられるかどうかの構造計算を行い、安全を確認します。構造図には柱や梁などの主要な構造部材を適切に表現し、建築物の骨組みを示します。建設敷地の地盤の状況（柱状図）や鉄筋工事、鉄骨工事の標準的な納まりを示す標準図も記載します。

設備設計者は、電気配線の系統・照明などの仕様や、空調の系統・仕様、衛生設備の配管の系統・器具の仕様を設備図に記載します。

意匠図・構造図・設備図の3つの図面は、意匠設計者、構造設計者、設備設計者が綿密に打合せを行い、整合性を形成しながら作図を行います。設計図書の発行時に三者の各図面の整合性が確保されていることは極めて重要です。

現在は、BIMを活用し、三者の図面を重ね合わせて（三次元的重ね合わせ）共有し、確実に整合性が取られていることを確認します。工事が始まってから不整合が発見されると、図面と現物を検討し直すことになり、時間とコストの大きな損失となるため、BIMでの共有は円滑に仕事を進める重要なツールとなっています。

【工事監理者】

工事監理者は、建築主から監理を受託し（監理業務委託契約という）、設計図どおりに現場での工事が行われているかを確認し、不具合があれば、建築主に報告し、施工管理技術者に対して是正指導を行います。工事監理者には、建築主と施工者の間に立ち、常に中立の立場を守って客観的に出来栄えなどを評価し、指導する力が求められます。

【施工管理技術者】

施工管理技術者は、ゼネコンの現場監督であり、設計図書に基づいて以下の工事計画と工程表を作成します。

●総合仮設工事計画―敷地全体の中での仮囲いや工事用車両のゲートの配置、仮設事務所や技能労働者の休憩所の設置、仮設事務所の電気・給排水、クレーンや重機の配置を決定

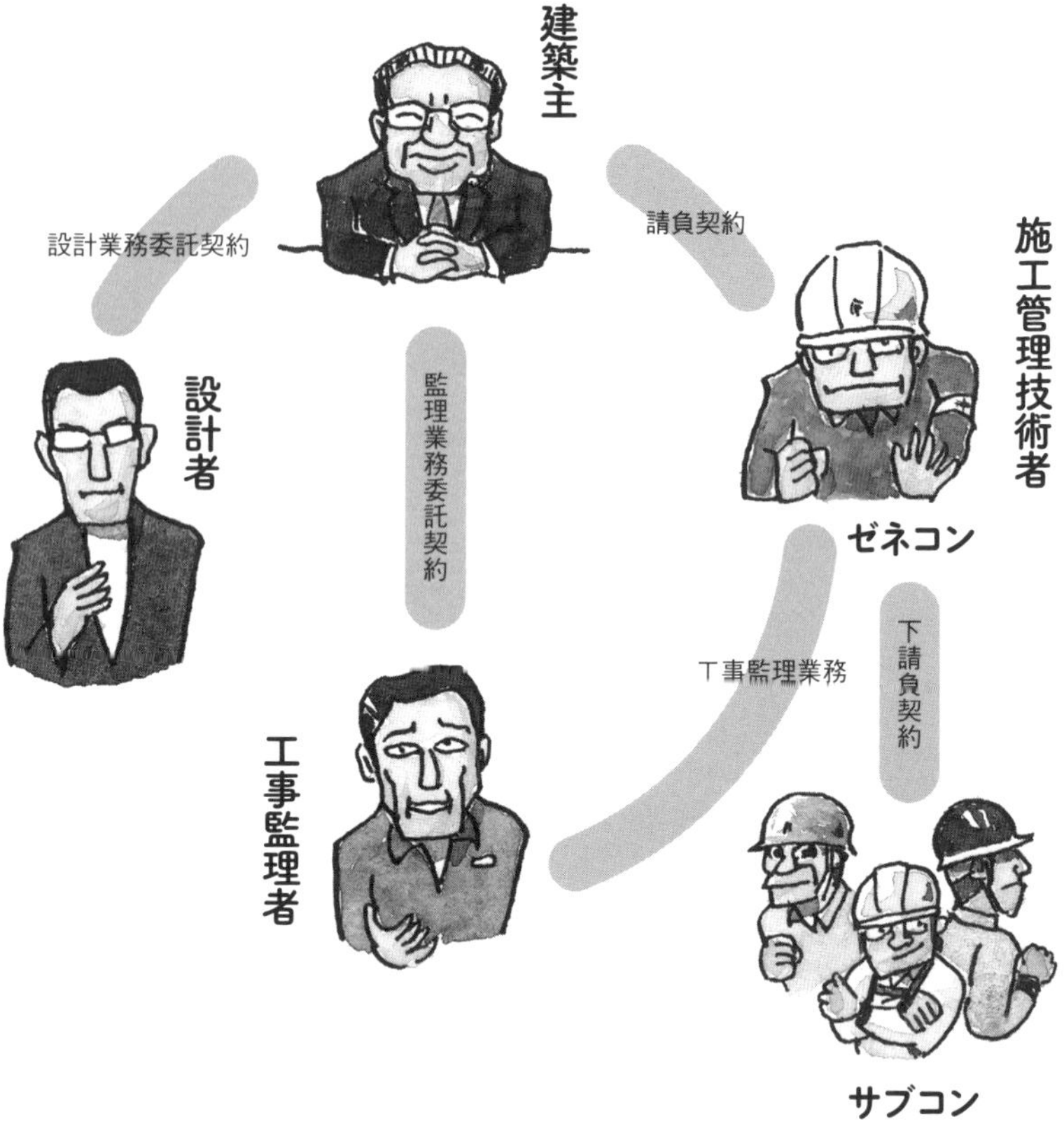

【支援部門】

間接的に働く人

●工事総合工程表─着工から竣工までの杭・地下躯体工事・地上躯体工事・仕上げ工事・設備工事などの進行表

工程表は、工事総合工程表から3か月工程表、1か月工程表、1週間工程表と細かく作成し、1日の作業まで綿密に管理できるようにします。また、作業所の組織体系図やサブコンの1次〜3次の協力会社の組織体系図を作成し、建築工事に携わる人々とその役割を図に示します。これらが整って、ようやく着工になります。

工事が始まると、工程表に記載された各工事の着手日に合わせてサブコンと事前に打合せを行い、いつから何人の技能労働者を投入するかを決めます。日々の現場の施工管理を確実に実施することにより、各工事別に順調に進捗すれば工事は無事に竣工を迎えるわけですが、工事中において、思

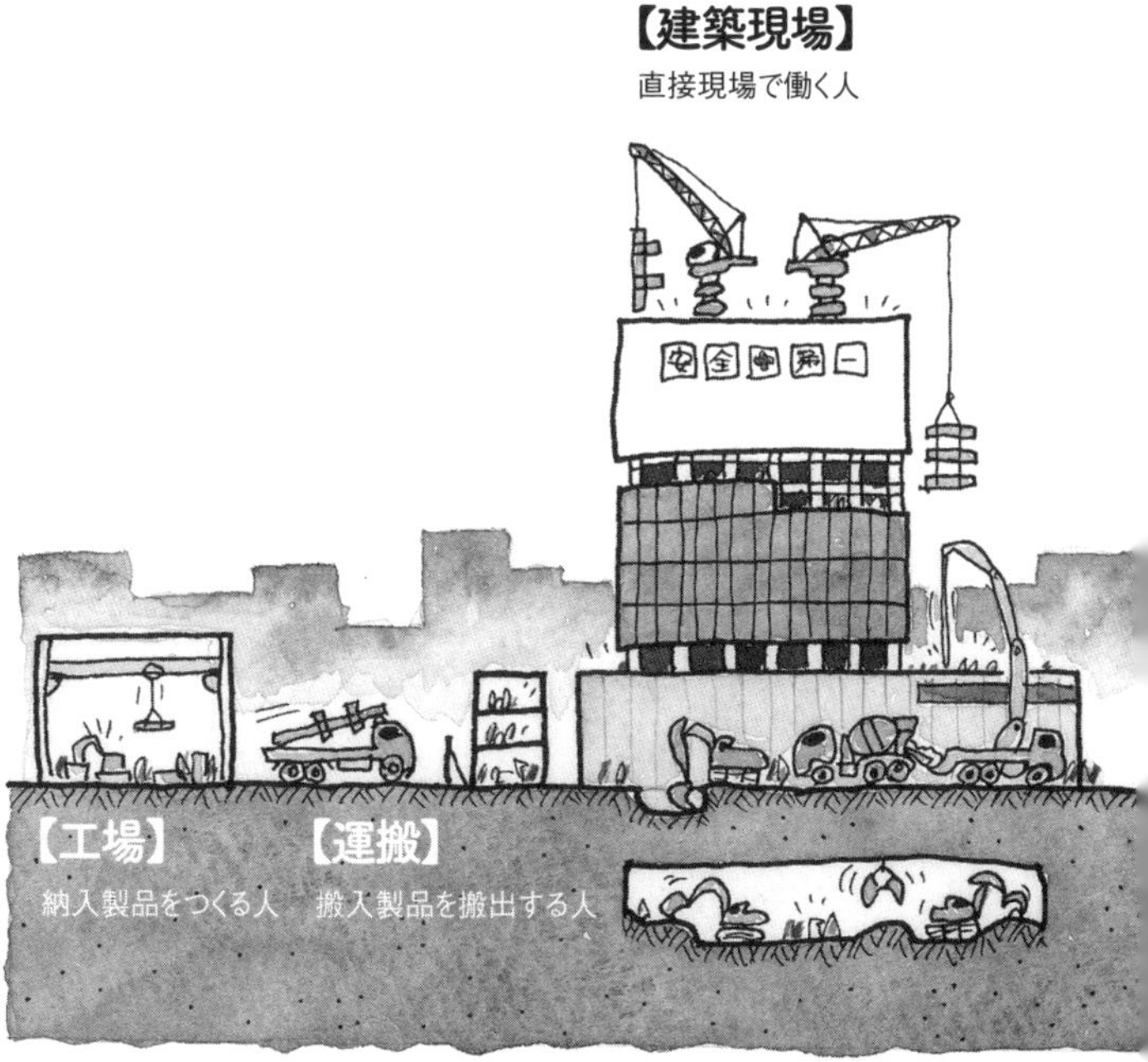

わぬトラブルや設計変更が発生することも多く、これらに速やかに対応することも施工管理技術者の腕の見せどころです。

【技能労働者】

サブコンの技能労働者（職人）は、各専門工事別に分かれています。プロジェクトにもよりますが、多くの専門工事会社が工事に参画します。これらの職種は、工程に合わせてタイムリーに現場に乗り込むことができるかどうかが工程の進捗に影響を与えます。

サブコンの職長は、ゼネコンの施工管理技術者が持っていないプロの知恵やノウハウをたくさん持っています。それを事前の打合せでいかに引き出せるかも生産性向上や品質管理・原価管理・工程管理・安全管理に大きくかかわります。施工管理技術者とサブコンの技能労働者の両輪があって、初めて工事が円滑に進捗するのです。

建設業許可が必要な29業種の中から27業種抜粋

躯体	・型枠大工・鳶工・杭打工・土工・鉄筋工
仕上	・造作大工・左官工・石工・コンクリートブロック工 ・瓦工・スレート工・金属薄板工・タイル工 ・レンガ工・板金工・ガラス工・塗装工 ・防水工・内装工・建具工
設備	・電気工・空調工・給排水工・衛生工
外構	・舗装工・造園工
解体	・解体工

建設会社に求められる役割

建設会社は、ただ建物をつくり利益を上げればいいというわけではありません。私たちが生活する社会や地域に何らかの役割を果たすべく活動しています。企業が求められているもの、それは「企業の社会的責任（ＣＳＲ）」と「SDGs」です。

❶企業の社会的責任（CSR = Corporate Social Responsibility）

企業は利益を追求するだけでなく、その活動が社会に与える影響に責任を持ち、ステークホルダーからの期待や要請に応えていくことを目指します。

企業は社会に対して、大きく４つの責任があるといわれています。

（１）法的責任＝法や規則に従うこと

（２）経済的責任＝営利組織として良い建物やサービスを提供し、利益を追求すること

（３）倫理的責任＝社会倫理に基づき自主的に取り組むこと

（４）社会貢献的責任＝地域・国家・地球（環境）に対して貢献すること、社会的課題の解決に取り組むこと

この４つの責任を果たし、企業を取り巻くステークホルダーと信頼関係を築き、彼らの意見も経営に反映しながら企業の価値を高め、その永続性を実現するとともに社会を築いていく活動がＣＳＲです。

企業の評価軸が、法的責任や経済的責任だけでなく、倫理、社会貢献的責任、すなわち「誠実な経営」「社会的課題の解決」「ステークホルダーとの信頼関係」の部分まで広がりを見せています。また、より積極的に「社会的課題の解決」に取り組むことにより、企業価値・企業ブランドの価値向上につなげる動きも顕著になっています。

❷ SDGs（Sustainable Development Goals ＝ 持続可能な開発目標）

２０１５年の国連サミットにおいて全会一致で採択された、２０３０年までに世界が目指すべき目標で、17のゴール（目標）とそれを達成するための１６９の取組みで構成されています。17のゴールは国連や各国政府だけでは達成は不可能であり、これら社会課題の解決には企業の参画が不可欠です。この目標達成のためには、ESG（E＝Environment 環境、S＝Social 社会、G＝Governance 企業統治）の観点での配慮した行動が必要といわれています。

このゴールを目指して建設業界として取り組めるテーマは、主に４つあります。これらを実行していくことは社会からの評価につながります。

SUSTAINABLE DEVELOPMENT GOALS
2030年に向けて
世界が合意した
「持続可能な開発目標」です

●持続可能な建築
環境の影響を最小限に抑える省エネルギー設計と再生可能エネルギーの活用、建物の長寿命化とストックの維持・活用、太陽、風力、燃料など再生可能エネルギーの消費量をゼロにするＺＥＢ（ゼブ＝ゼロエネルギービル）プロジェクトの普及

●環境と調和
事業活動におけるＣＯ２の削減（カーボンニュートラル）、現場事務所での３Ｒ（リデュース・リユース・リサイクル）といった資源循環や廃棄物削減

●働き方改革
適正な労働時間の担保、性別や年齢、国籍や障害の有無、価値観などが多様な人々の、健やかで働きがいのある職場環境の実現

●着実な生産プロセス
高品質で安全な建築とサービスの提供、公衆災害や労働災害のない現場の実現、環境を考慮したグリーン調達による持続可能なサプライチェーンの実現

産廃の分別・減量化スローガ
チョットまて「分別よし」で指定場所
出さない工夫と捨てない知恵
混ぜたらゴミが分ければ資源
ゴミ箱の中身は資源の宝物
建設副産物
ストックヤード
分別はいいかな?
ポイ!
ウマいこというなー
この標語はボクの作です
すごいでんなー
オイオイ分別をまちがえているゾ!

【建設業界がぐっと近くなる❶】

日本のスーパーゼネコン

全国47万2千社の建設会社（ゼネコン・サブコン）の頂点には、大手5社（スーパーゼネコン）があります。

大林組　１８９２（明治25）年
鹿島建設　１８４０（天保11）年
清水建設　１８０４（文化元）年
大成建設　１８７３（明治6）年
竹中工務店　１６１０（慶長15）年、創立１８９９（明治32）年

この5社が、年間売り上げの平均1兆円を超えるスーパーゼネコンと呼ばれて日本の建設業界を牽引し、常に技術の最先端を走り続けています。

このほか、準大手・中堅が数十社あり、全体で国内のシェア約25%を占めています。

大手５社の協力会社（サブコン）の会（各会の登録会社）は、各社に全国で約７００〜１５００社あります。大林組にある協力会社の会は林友会、鹿島建設は鹿島事業協同組合連合会（旧鹿栄会）、清水建設は兼喜会、大成建設は倉友会、竹中工務店は竹和会と呼ばれており、これらは主要なパートナー企業群です。

また、各会には属さない登録会社（取引コードのみ有する）も数千社程度あります。これらの強力な協力会社があればこそ、全国規模での工事が行えるといえます。

大林組	関西に強固な地盤。「高輪ゲートウェイ駅」を建設。都市開発に強み。スカイツリーなど首都圏でも実績。近年は不動産開発を強化。
鹿島	不動産開発に強み。東京メトロ「虎ノ門ヒルズ駅」を建設。ダムやトンネルなど土木に強い。東西アジアなど海外での不動産開発やM&Aにも積極的。
清水建設	首都圏、民間建築が主力。環境エネルギー注力。宮大工を起源に持ち、民間建築に実績あり。女性の登用や働き方改革を意識。
大成建設	大型土木から戸建て住宅まで。非同族。新国立競技場など国家プロジェクトに参画。多角化よりも本業の深掘りに邁進。
竹中工務店	高級建築に強みでブランド力。「あべのハルカス」を設計・施工。関西地盤で非上場。建築専門で土木は子会社が担当。自社で建てた物件を「作品」と呼ぶ職人気質。

日経業界地図2021年版・会社四季報業界地図2021年版

大手5社の特徴

社会人になる前には、自分はどの道に進もうか、何が得意で何ができるのか、と悩むことがあると思います。

就職活動を経て入社すると、今度は、右も左も分からないことだらけで大変、自分が考えていた仕事と違う、向いていないのではないか、と悩むこともあるかもしれません。

でも、経験も積んでいないうちから決めてしまうのはもったいない。そんな時は、まず「どんな仕事でも打ち込んでやっていれば天職になるかもしれない」と考えてみることをおすすめします。「どの道を選ぶかより、選んだ道をどう生きるか」と考えを切り替えてみるのです。そうすると、そのためにはどうやったら一人前になれるのかを考えるようになり、知識だけではなく、経験を積んで実践で技術を身に付けることが必要だと考えるようになります。

私は若い頃、先輩からはT型人間になれと言われました。建築の知識をまずは浅くてもいいから

最初はだれでも新人。私のものづくりライフ

幅広く学び（Tの字の横棒は幅広くという意味）、好きな分野を専門的に深掘りせよと（Tの字の縦棒は専門的な深掘りという意味）。この積み重ねが自分の糧になるものだということでした。

また、専門分野は、少なくとも3つは身に付けなさいとも言われました。例えば、地下工事、コンクリート工事、鉄骨工事、どんな工事でもいいでしょう。得意分野があることはいろいろな建設現場を経験する上で強みになります。現場での経験は大変なことも多いですが、建物をつくり上げる、この目標を大勢の人たちと共有する経験は、何にも代えがたいものです。そこには、自分の同僚、上司、あらゆる技術を持った専門家たちとの出会いがあり、仕事への充実感や成長を実感できます。

現場管理の仕事を目指す皆さんは、いずれ建築士や施工管理技士などの資格も必要です。現場経験や資格取得を経て仕事の幅が広がると、最初は職人さんの手配や資材の発注、施工管理業務だったものが、工事の計画や工程管理までできるようになっていきます。

そこで、私の経験といままで見てきた現場人生

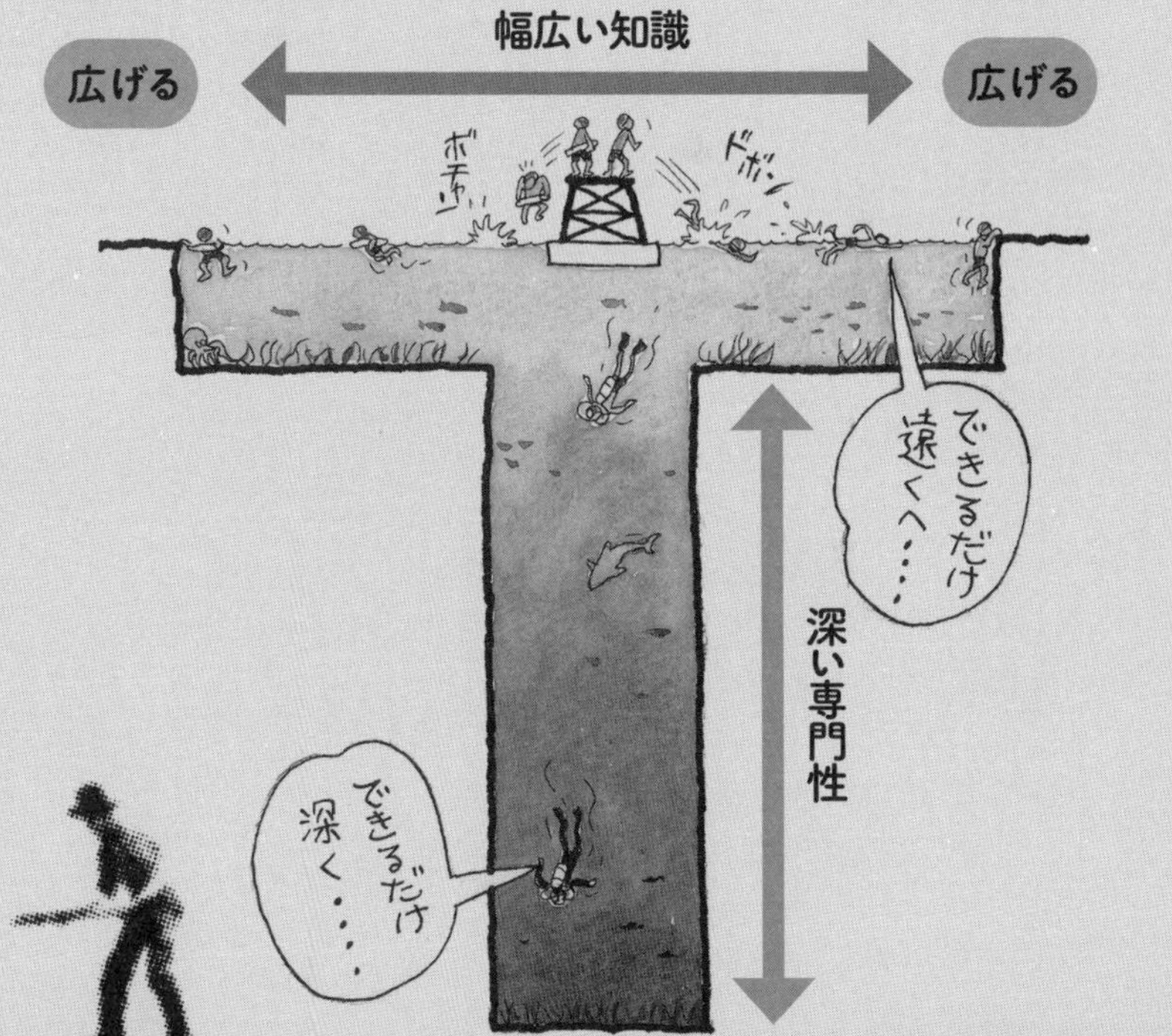

を簡単にまとめてみました。これは日々の積み重ね、つまり失敗や悩みを経験して分かってきたことです。

【20～30代】

20代はとにかく、ベーシックな技術（建築の基礎技術）を体得します。失敗や悩みも多く仕事を覚えるのに手一杯で、やりがいや達成感を感じ始めるのは3年目くらいでしょうか。30代は、20代で経験して得た知恵を使いながら、いかに良い品質を確保しながら、コストの低減を図り、工程どおりに安全な仕事を遂行するかを課題に現場管理をこなします。

【40代】

30代後半から40代にかけては管理職になる人も出てきます。40代では部下を持ち、部下もサブコンの職人さんたちも掌握しながらバランス良く建設現場の運営をマネジメントします。この頃からハードマネジメント（テクニカルスキル：各種技術をどのように活用して成果を出すかを管理）よりもソフトマネジメント（ヒューマンスキル：人間関係を築き、どのように成果を出すかを管理）のウエイトが高くなります。いくら時代が変化して、デジタル社会になったとしても、最後は職人さんたちが気持ち良く働いて

作業所長マネジメントの曲線

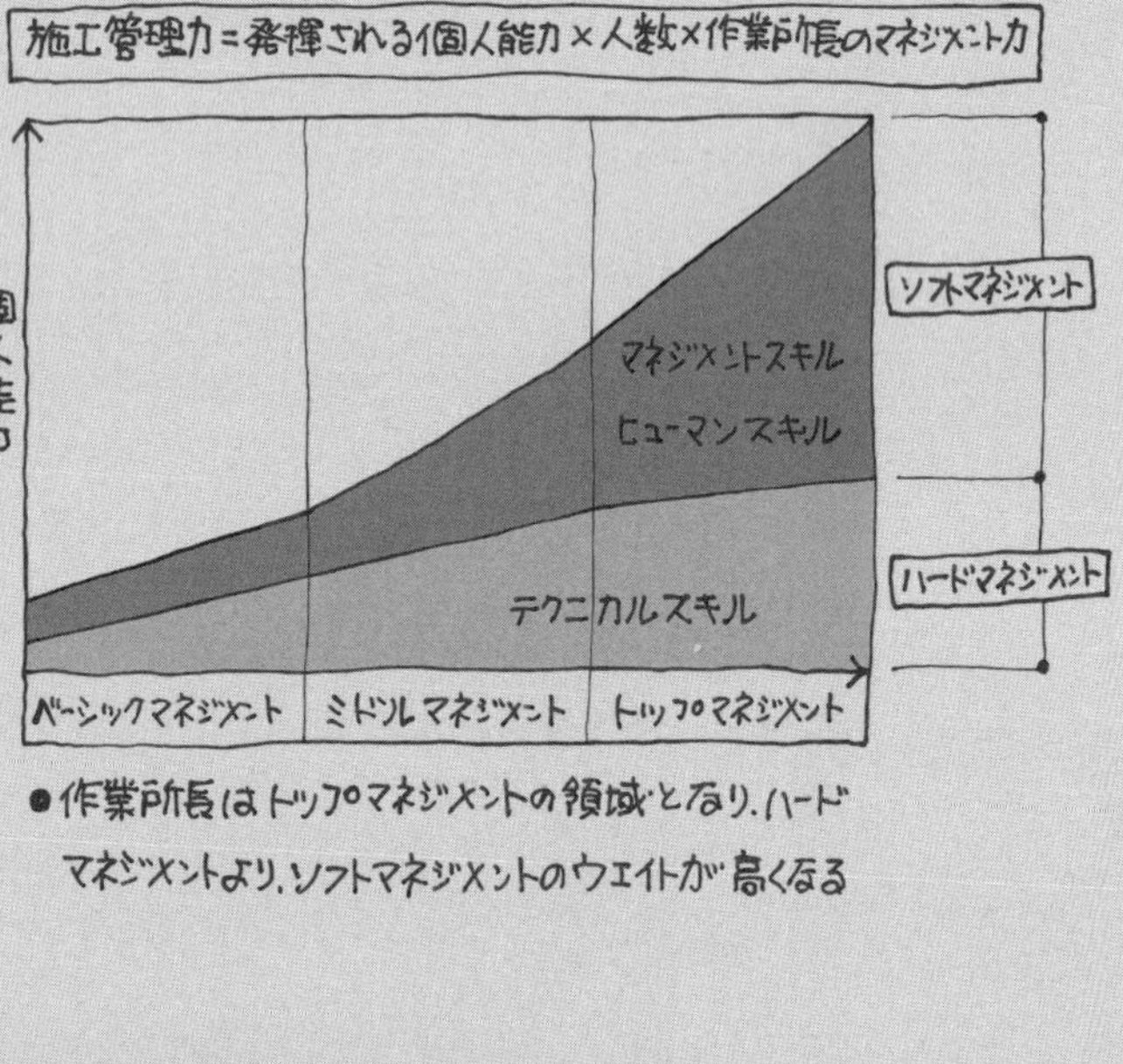

●作業所長はトップマネジメントの領域となり、ハードマネジメントより、ソフトマネジメントのウエイトが高くなる

くれないと生産性は向上しません。さらに建築主や設計事務所との良好な関係を構築しながら、いかに信頼性を高めるかといった高度なマネジメントが必要とされます。すべては作業所長の腕前次第で、でき上がる過程で品質や利益、安全面が左右されます。

【50代～】

40代の延長業務（総括所長としていくつかの現場を管理する）もありますが、現場から内勤に配属される人もいます。各部署の「長」として組織的な業務に変わります。いままでは一つの現場だけを見ていればよかった立場が、例えば支店全体の現場を統括しなければならない立場となります。

建設会社を目指す皆さんは、いま、現場人生のものづくりライフを見てもピンとはこないかもしれません。ただし、ここで言いたいのは、社会人としての生活を考える時、「自分の仕事はこれだ」と思えるタイミングは、真剣に自分の仕事に打ち込んでいれば、必ずくるということです。それはある意味「天職」といえるものになるかもしれません。

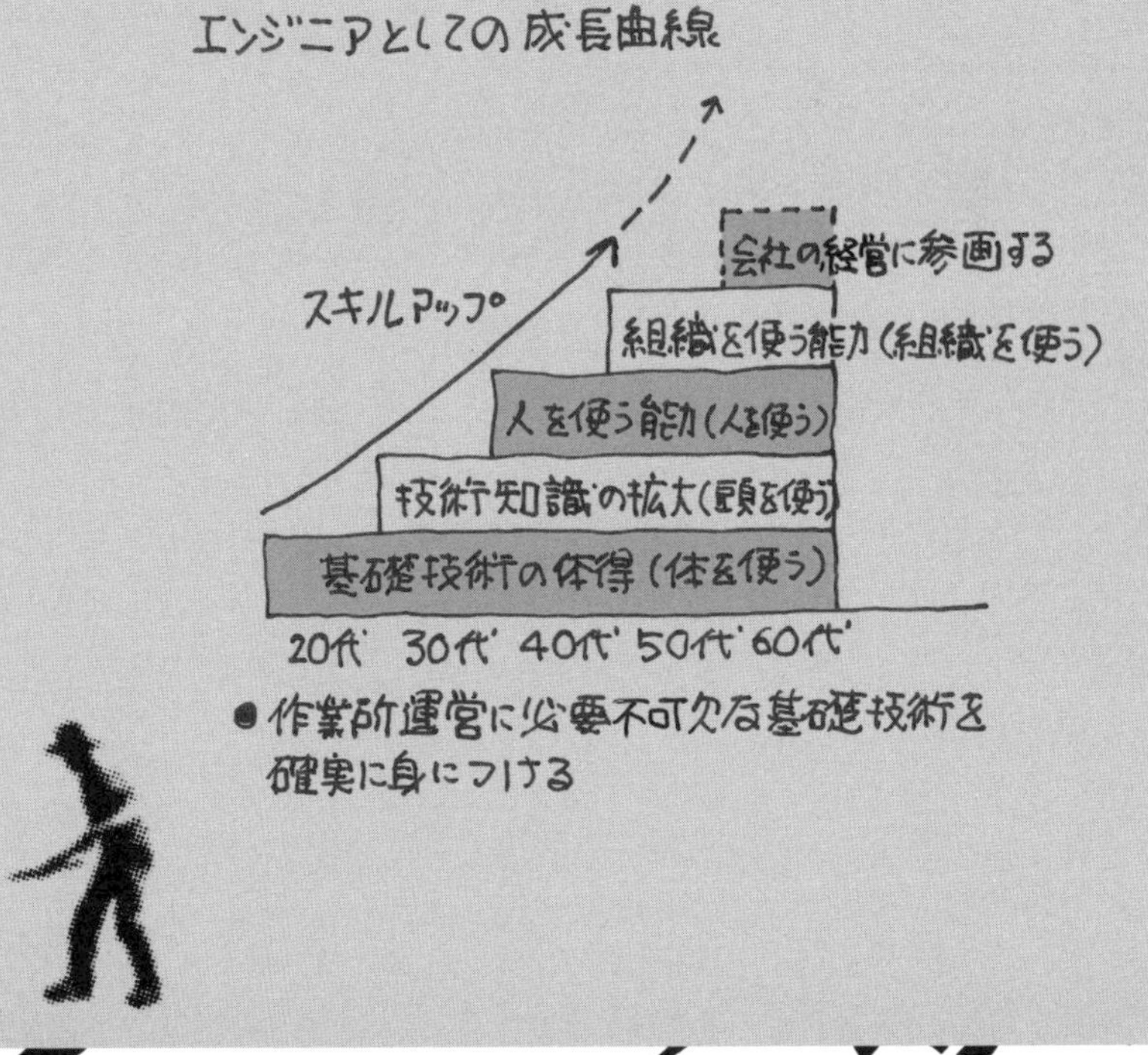

会社役員になったり場合によれば社長に？エッエー？まさか……
これからの時代65歳の定年若いモンには負けらわん！
60代
何事も三方よしで……
ドシン！
50代
今年の目標達成！
来年は……
40代
工程も利益もいい調子だ
30代
支援部署で施工計画
辞める人もあるけどいろんな理由があるんだろうなぁ
20代
とかく汗は心地いい！

【ものづくりライフステップ】

第2章

設計者から施工者へ。ものづくりを決める鍵

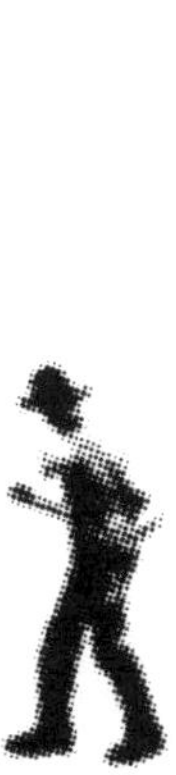

企画・計画・設計は、誰が、どんなことをするの？

建築主の想いを引き出す設計者

建物をつくる時、設計者は建築主の「こんな建物が欲しい」といった想いを設計図面に表現しますが、建物は一瞬でできるものではありません。設計に至るまでには、建築主と設計者の間でたくさんの話し合いを行います。企画（事業計画）、計画（基本計画）、設計（基本設計・実施設計）の流れで進みます。

設計者は、建築主の「どんな建物をどこに建てたいか？」「誰が利用するのか？」「必要な

地下にややこしい既存構造物が残っています 杭の位置を考慮しないとすごいコストが発生します！

広さは?」「どんな機能を持たせるか?」「予算は?」「いつまでにつくればよいか?」という要望を聞き出して、目的やイメージを引き出します。建築主は建築の専門家ではないので、やりとりの中で、コンサルタント会社などの専門的な建築の助言や支援を求める場合もあります。

設計者から施工者へ

企画段階では設計者が建築主に対して事業計画の提案を行い、計画段階では設計者がイメージや必要事項を検討するための「エスキース図（素案・下絵）」を作成します。イメージとしての企画を具体化させ、基本的な設計に移行するための段階です。基本設計段階では面積ボリュームや柱位置、階高、階数、用途の機能事項を盛り込む「基本設計図」を作成します。実施設計段階で建築主と合意し、確認申請を

デザインは素晴らしいが納まりが困る！
ウ〜ン痛いとこつかれる
デザインの理解も欲しいなぁ
建物はデザイン一辺倒も困るが施工性の都合が強すぎても困りもの
〇〇《カゲ》の声

受けるための詳細寸法や構造体や設備計画を詳細に示します。そして、施工者につくるものを伝えるための「詳細設計図」を作成します。

設計者は、地震や台風などの災害や、火災に耐えられる安全な部材を使って建築基準法の範囲内で建物としての品質やデザインを考える役割があります。同時に、建築主の要望の予算や工期に納めることも考慮しなければなりません。希望するすべてのことが建築主の思いどおりにはいかない場合もあります。その時は、話し合いを重ねてお互い納得のいく着地点を提案します。

最近では、設計施工一括で仕事を受注した場合のみ、フロントローディングを行います。これは、建物の規模やプラン設定などの基本設計段階で意匠・構造・設備の設計者といった主要メンバーと現場事務所の作業所長が議論を重ね、品質確保や工期短縮・生産性向上のためのつくり込みを行うものです。

設計図に求められるもの

設計図は、建物の完成形を表現しているものです。その図面をもとに、より詳細な施工図が現場で作成され、作業が進みます。デザインや機能の内容が適切であることは大事ですが、そのまま建物の完成を迎えることは少なく、施工段階で予算や工期の見直しを行わざるを得ないことがあります。これは、今後の働き方改革でも課題のひとつとなっています。施工段階で見直しが発生しない完成度の高い図面は、主に次の❶〜❹の要素を満たしているものだと私は思います。

❶ 建築主の要望や関連する法律に合致した設計図である。

このことは当然といえば当然ですが、イメージ、美観、

用途機能、使い勝手、希望の予算や工期の他、耐火性、耐久性、耐震性能などが確保されていることを建築主が納得している図面であることです。

❷意匠・構造・設備の整合性が取れている。

建築を構成している形状や仕上げ寸法などの意匠と、強度的に必要な部材寸法や位置、そして室内の見えない部分、つまり天井裏側にある空調ダクトや水の配管などの部材寸法や位置に、互いに干渉や不足がないことです。

❸施工性が確保されている。

施工の作業ができること、必要寸法が確保されているといったことです。人間や道具が入らない狭い空間では作業できませんし、現存しない入手不可能な材料を指定しても実現できません。

❹❶~❸の内容が、現場の人間に確実に読み取れるように表現されている。

これらが満たされていれば、現場で、施工図や部品製作図を作成する際に具体的な寸法を算出しながら詳細化・部品展開することが、手戻りなくスムーズに進みます。

なかでも設計施工を一括で受注した場合は、これまでの、施工を進めながらそのつど設計を見直す方法ではなく、設計の早い段階で意匠・構造・設備の整合性確保や施工管理技術者のノウハウ、生産情報（構造体のPC化、省人化工法の採用など）を設計者と協議し、設計図に織り込むフロントローディングの取組みを推進しています。

施工図とはどんなものか？

部位のすべての実寸を読めるスーパー図面

実際の建物を建てるためには、すべての部位の実寸を読み取ることができ、建物の躯体や部位ごとに取り付けする仕上げ材、設備機器類が明確に表現されている施工図が必要となります。例えば、プラモデルの箱の絵が設計図で、中に入っている部品図とつくり方の手順を説明しているのが施工図だといえます。

施工図には大きく分けて「総合図」「平面詳細図」「躯体図」の3つがあります。総合図は、意匠・構造・設備を重ね合わせた図面をいいます。平面詳細図は、設計平面図に表現されている部材

このトイレスペースは下の階と壁芯がズレているからスラブの下り位置が変わるんだ
前の現場で間違えてエラい怒られた
最近は施工図の外注が増えてるけど自分で行う能力も大事なんだよな〜
オヤジの時代は手描きだった
▼意匠図
◀施工図作成
▲構造図

のすべてに寸法を盛り込んだ図面をいいます。躯体図は、平面詳細図から仕上げ材を取り去った躯体工事専用の図面をいいます。これらの図面は材料や部材の調達が現地作業に間に合う時期に作成しなければ工程に支障を与えてしまいます。

このように現場では、業種にかかわらず、すべての作業が施工図をもとに進められます。プロジェクトによっては、全部で何百枚もの図面が必要となり、それぞれの図面作成にかかわる人間もまた多いのです。したがって、その内容に不整合などの不備があると、再検討・修正・決定までの手待ち・これまでの工程のつくり直しの手戻りが生じ、工程や作業効率、費用などに大きく悪影響を与えます。

建築のものづくりは、正しい図面があって初めて成り立つといえるのです。

工事監理ってどんな仕事?

工事監理とは、着工してから竣工するまでの間、すべての工事において立会検査を行い、図面どおりに施工されているかどうかをチェックする仕事です。

着手前には施工計画書の修正指示や承認を、着手後には施工図・製作図のチェック・承認を行います。資材の納入数量と見積書の数量とを照合し、適正かどうかのチェック、途中で設計変更があった場合はその確認も行うなど、完成形の品質だけでなく基準や性能を満たしているかどうかも確認しています。例えば、躯体工事の場合は杭の支持地盤の確認、配筋検査、鉄骨の製品検査などの立会検査を行います。

また、設計者と施工者が責任を持って施工管理を運営しているかどうかもチェックし、不具合があれば是正指示を行い、場合によっては建築主に報告します。

多くの人間がかかわる建築工事において、全体の工程が滞りなく進むように、建物の品質を保ちつつ予算どおりに人・もの・時間・費用を調整して進める、とても重要な仕事です。

鉄筋の「継手」ワタシの見たところ不良か所が3か所はありました
新しい業者だったものでつい……見過ごしたようで……

工期の設定で気をつけていることは？

いくつもの専門作業の連携で成り立つ建築工事にとって、工期（着工から竣工までの期間）はすべての工事を動かし管理する重要な項目です。建築主の希望する納期に間に合わせることと同様に、働き方改革が進められる中、プロジェクトの規模に合った工期の設定が求められます。さまざまな事情があるかもしれませんが、例えば、完成を急ぐあまり短い工期で契約した場合があるとします。すると、あらゆる面で問題が起きます。品質面では、作業が雑になることや検査・修正時間が不足することがあります。安全面では、安全設備を設置する時間が不足して、手すりやネットなどの危険防止対策に不備が生じます。さらに時間に追われて慌てる作業行動は転倒や衝突などヒューマンエラーが起こりやすくなり、事故の発生につながります。コスト面では、工程を遅延させないために標準的な技能労働者数では足らなくなり、応援技能労働者を追加し、予算に見込んでいなかった費用がかかることがあります。

現場も改革へ

このような事態を招かないためには、仕事を受注する段階で建築主と十分な日程を考慮した適

正な工期を確保する交渉を行う必要があります。

２０２０年10月、改正建設業法が施行されました。そこには、「著しく短い期間を工期とする請負契約を締結してはならない」と示されています（第19条の5）。この条文の意味は、工期設定では完全週休２日や作業不能日（休日や天候に

よる作業のできない日）を考慮した工期を確保するように、ということです。建築主の工期ニーズと作業の必要時間を、現実的に両立・工夫することと、万が一できない場合は工期を確保するための事前の修正（設計変更による規模の縮小や構造体の変更など）と合意が必要です。

受注者（ゼネコン）としての適正工期の考え方は、一般的には日本建設業連合会（以下、日建連）の適正工期算定プログラムを用いて、プロジェクトの標準的な工期を算出します。ただし、プロジェクトごとに諸条件が異なりますので、その諸条件を加味してプラスαの工期を足し、その上で生産性向上技術を駆使しての自助努力分の工期をマイナスαで短縮します。この工期が建築主と合意できれば、受注者としての適正工期といえます。

これまでは、工期に追われて仕事に負担のかかる状況が多い業界でしたが、これからは適正な工期を確保する意識・体制を整えることが当たり前になっていくでしょう。

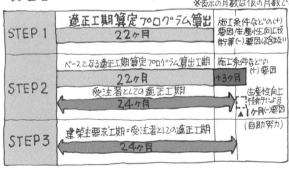

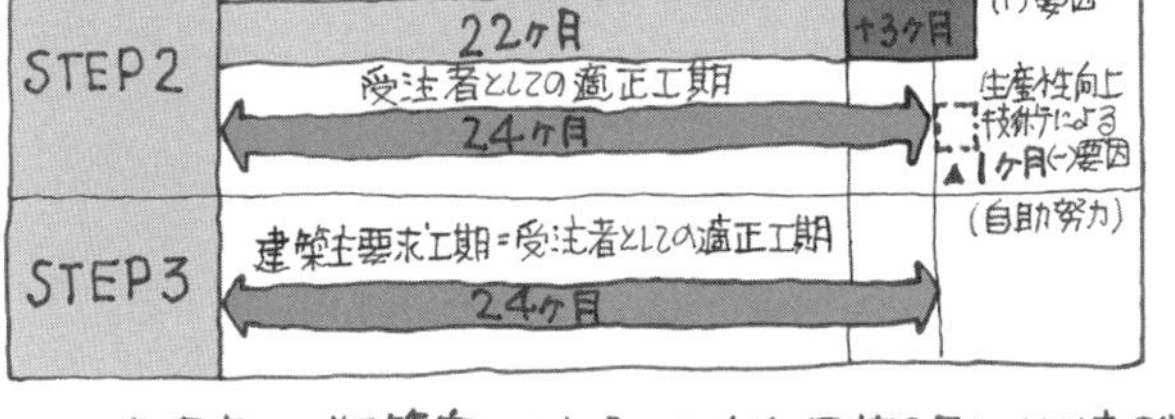

※ 日建連適正工期算定プログラムは完全週休2日で地域別過去20年の気象情報が反映され、作業不能日も考慮されています。

建物は、完成したらそれでおしまい？

建物は、完成して施工者から建築主への引渡しにより、使用が始まります。住居であれば住み始め、工場であれば製造が始まり、店舗であれば営業が始まり、スタジアムであればスポーツの試合やイベントが開催され始め、長期にわたる使用の始まりとなります。

建築で使っている材料は、遅かれ早かれ必ず劣化します。また稼働する設備機器などは使用期間や回数に伴い経年劣化します。さらに使用中には人や物がぶつかることもあり、損傷もあります。長期間には、地震や台風などの自然の力も受けます。

材料の経年劣化や地震・天候のサイクルに比べて建物の寿命は長いので、良い状態を維持するために定期的

人の来ない屋上は排水口にゴミがよくつまる雨も漏るわいな

に点検と修繕をすることが必要です。したがって、建物は完成したらおしまいではありません。

建物は定期検査でメンテナンスを

完成した建物は、時間の経過とともに機能が低下してくるため、機能維持のためにメンテナンスが必要になります。ゼネコンは維持保全計画書を作成し、定期的な点検や修繕を行います。メンテナンスの担当者が変わることもありますので、継続的なフォローが大切です。経過観察の意識が建築主の財産保持につながります。

一般的には、竣工後3か月までは月に1回の点検を行い、3か月以降から1年までは3か月に1回の点検を行います。その後も定期検査は行いますが、5年目以降の検査時期の回数や報告は、建築主との契約で決めることになります。

建物は竣工後30年程度まではこれらの修理・修

繕・更新を行いますが、修理・修繕だけでは対応できない不具合もあるため、その時は大規模な改修工事に踏み切ることも必要です。

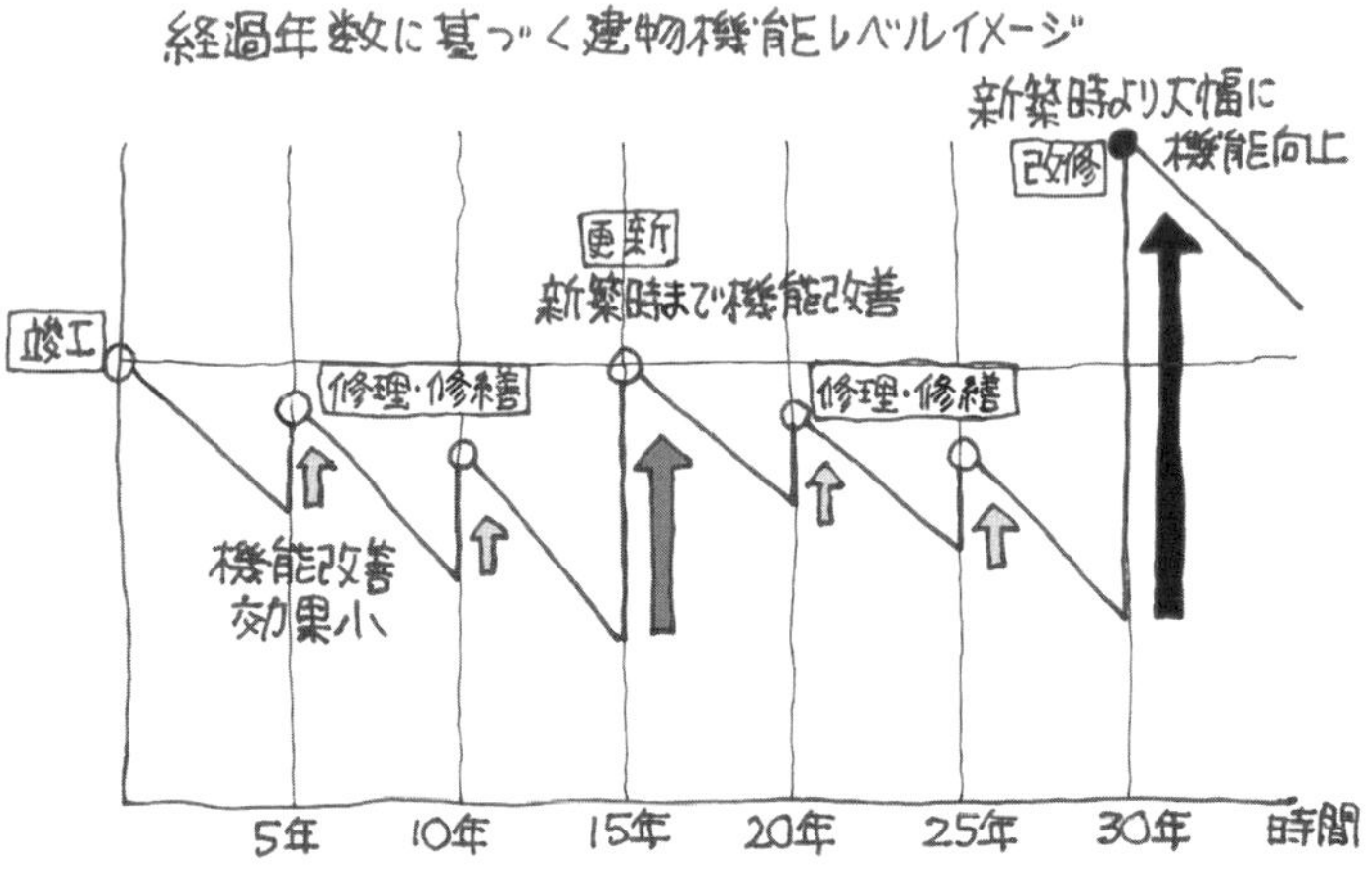

建築には儀式がいっぱい

建設工事には、節目の時期にいろいろな式典が行われます。工事や竣工後の安全をその土地の神様に感謝し祈願するもので、古くから厳粛に行われています。

一般的に行われている主な儀式には、地鎮祭（起工式、安全祈願祭、地祭り）、立柱式、上棟式、定礎式、竣工式、落成式、竣工披露宴があります。

この中でも地鎮祭・上棟式・竣工式は多くの工事で行われ、儀式の準備や運営は大抵施工者が行います。式典では建築主、設計者、施工者といった関係者が集まるため、周囲に迷惑をかけないよう十分に配慮して事前の準備・当日の運営を図る必要があります。

地鎮祭は、工事着手の際、その土地の守護神を祀り、繁栄と工事の安全を祈願するものです。儀式では、鎌は設計事務所代表者、鋤は建築主代表者、鍬は施工者代表者が持ち、盛砂を均します。玉串奉奠は、榊の小枝を建築主、来賓、設計者、施工者の順で神様にお供えします。

上棟式は、建物を新築する際、棟木を棟に上げる段取りになった時に行われる儀式です。建物の守護神と工匠の神を祀って、上棟まで建築が進んだ感謝をあらわし、落成に至るまでの加護を祈願する行事です。高層ビルの建設現場では上棟の儀として、鉄骨のラストビームに金鋲・銀鋲を入れてから上部へ吊り上げる場合があります。

竣工式は、建物が無事に竣工したことをその土地の神様に報告し、工事の関係者に披露する儀式です。通常、完成した施設を会場とします。

地鎮祭は、これから新しい工事が始まるという意識から心が引き締まると同時に胸がときめきます。もちろん、工事が無事故・無災害であるようにと祈る気持ちはいうまでもありません。上棟式や竣工式はようやくここまで来たかという感慨に浸ることができ、達成感や喜びがひろがります。ただ、竣工式だけはこれまで手掛けた建物とお別れの儀式でもありますので心中は寂しさも募ります。

職人

イキでイナセな
木遣りとともに
ラストビームが上る
あ〜感動だ!!
祝 上棟 ○○ビル
工事関係者
来賓

第3章 現場で働く人々

現場で働くゼネコンの人々

現場では、施工計画から引渡しまでの工事を進める中で、建築技術や設備技術に関する管理、経理や庶務に関する事務的管理、現場内の人のマネジメントや所外との渉外を含めた組織管理を、Q（品質）、C（原価）、D（工程）、S（安全）、E（環境）というそれぞれ5つの区分で取り組み、建物を建てています。

会社によっては役職の名称も変わりますが、ここでは一般的に配属される人たちを紹介します。

作業所長

現場代理人であるとともに、現場で施工する上での総括責

任者です。建築主や設計事務所との交渉窓口の代表となり、プロジェクト遂行のために全体を把握してマネジメントします。作業所長方針を作成し、作業所運営方針（QCDSE）やプロジェクトに対する想いを現場で働くゼネコン社員やサブコンの職長たち（職人のトップに立つ人）に伝えます。また、施工方法の方針決定やサブコンの選定を行い、最終決定を行います。現場の規模が大きくなると、サブ的に作業所長の下に副所長や主に予算管理を行う工務長、工事全般を管理する工事長を置く場合があります。

工事課長（主任）

作業所長が現場代理人である場合は、監理技術者であるとともに建築工事をまとめる責任者です。主に作業所長とサブコンの選定や支払い・予算の管理を行い、作業所長の方針に基づいて全体工程管理や各建築担当者へ施工管理の指示を行います。

建築担当者（現場監督・現場員）

サブコンの職長に直接指示を伝え、管理する役割です。工事計画や施工図を専門に担当する

みんなで頑張って世界が注目する建物をつくろう!!
所長の情熱負ける
けんせつ小町がんばるわ
スゴイスゴイ
そうかなあて。

人もいれば、各専門工事別に担当がつき、主に品質管理、工程管理、安全管理を行う人もいます。なかでも重要なのは品質管理で、担当者は設計図・特記仕様書・技術基準を満たしているかどうかの管理と、施工結果のエビデンス（証拠）を残していくことが大切です。現場そのものの質の高さを示す大事な作業であり、建築主からの信頼を得ることにもなるからです。現場の規模により数人で分担か、1人で全体を管理します。

設備課長

電気工事、空気調和工事、給排水衛生工事、昇降機設備工事などの設備工事全般をまとめる責任者です。主に設備のサブコンを管理し、仕様に基づいた設備機器の選定や品質管理、工程管理、原価管理を行い、建築工事と設備工事との調整を行います。

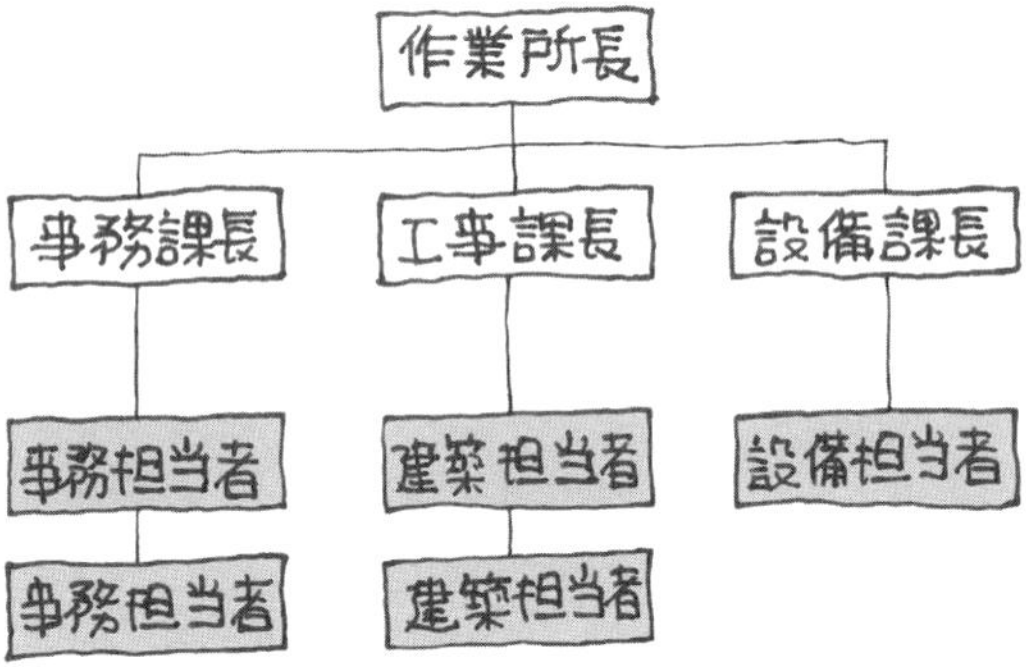

現場組織体系図（小規模）

設備担当者

建築担当者と同じく、主に現場で設備工事の品質管理、工程管理、安全管理を行います。建築と同様、設備の品質管理も重要な仕事となっており、現場の規模により数人で分担か、1人で全体を管理します。

事務課長

主に現場におけるサブコンとの契約内容の確認や、支払い処理などの事務業務を行う責任者です。また、式祭の準備・遂行、現場内の行事、近隣との調整などを担当します。現場内、特に施工管理技術者たちの業務環境の整備や、業務時間の管理も行います。

事務担当者

事務課長を補佐し、主に日常の経理・庶務を行います。

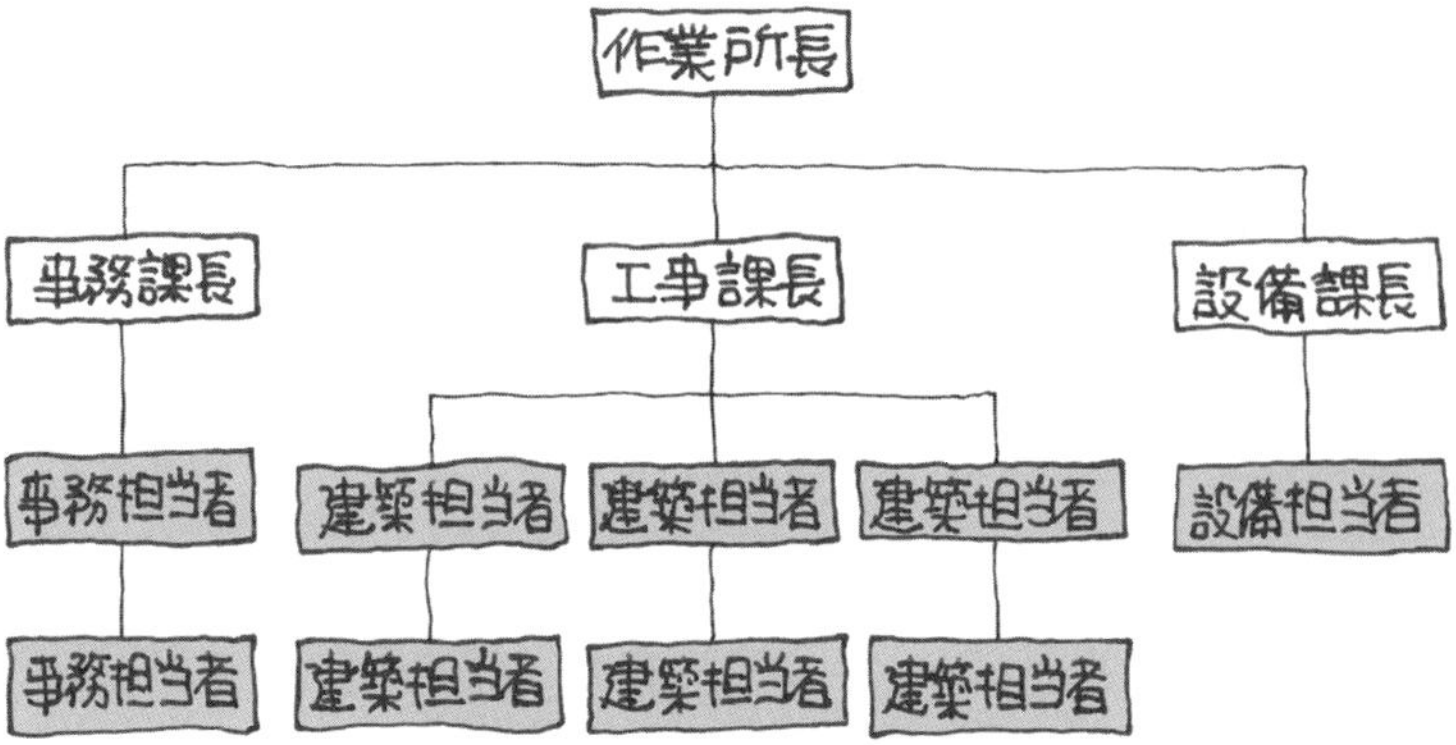

現場組織体系図（中規模）

仮設工事ってどんな人が働いているの?

仮設工事とは、着工から竣工までの間、建設工事を安全に進めるための設備を一時的に設置する工事です。建物の完成後にはすべて撤去されます。仮設工事は入念に無駄なく計画し、確実に実施することがその後の工事をスムーズに進めることになります。仮設という概念を改め、「工事用」として安全かつ能率をあげるために必要な設備であるという意識改革が必要です。

仮設工事は、「共通仮設工事」と「直接仮設工事」に大きく分けられ、それぞれに技能労働者（職人）の行う工事があります。

共通仮設工事

建物本体を建てるためではなく、試験調査や現場で工事を行うために必要な仮設物を設置する工事で、現場事務所や技能労働者の休憩所、仮囲いや工事用のゲート、共通的な工事用機械器具（大型クレーン等）があります。それ以外にも、仮設の電気設備・給排水設備を準備するための工事があります。

【ボーリング工事】

ボーリング工が、建物を支える支持地盤を調査します。地盤の性状をコアボーリングによって調査し、N値（地下工事を安全に進めるための土質や土の強度）が高い地層がどの程度の深さにあるかをデータとして、柱状図を作成します。これにより構造設計者が支持地盤の深さを決定します。ただし、抜取り本数が少ない場合、地中において大きな不陸が予想される場合は追加でボーリングし、全体の支持地盤の深さを確認する必要があります。

【測量工事】

測量工が、敷地の測量や敷地境界線からの建物の位置を決め（遣方）、ベンチマーク（固定点）という建物の高さの基準を測量します。この作業は、建築主や設計者および工事監理者の立会いのもとで確認します。

【鳶工事】

鳶工が、建築現場の仮囲いや工事用ゲート、工事で使用する大型のクレーン、施工する建物の工事用仮設のエレベーターを組み立てます。クレーンによる工事で必要な重量物（場内の敷鉄板など）の揚重や移動も行う場合があります。

【仮設電気工事】

仮設の電気工が、受変電設備（キュービクル）から事務所・休憩所の仮設照明や空調設備、現場内の仮設分電盤の設置を行い、照明設備や各職が個別の電動工具・照明器具を使用できるようにします。また、工事用機械（クレーン・エレベーター）への電源供給も行います。

【仮設給排水設備工事】

仮設の給排水衛生工が、現場内の事務所・休憩所の湯沸し室やトイレ、散水設備の給排水工事を行います。

直接仮設工事

建物本体を建てるために使用される仮設物を設置する工事で、遣方、墨出し、現寸型板、足場、安全設備、地下階がある場合の山留支保工・乗入れ構台や工事に使用する機械器具の準備も含まれます。

【鳶工事】

鳶工が、建物の外周に足場を組み立てます。躯体の立上りに先行して、枠組み足場を組み立てます。最上階まで組立てが完了したら、外壁の仕上げ完了を待ち、順次最上段から解体していきます。最近では足場材の単材を組み立てるのではなく、足場をユニット化して組み立て、解体することで生産性向上を図っています。内部の吹抜け空間にも大きな足場を必要とする時があります。ほとんどが高所作業となるため、危険予知（ＫＹ）活動をして、安全作業に臨みます。その他、作業者が工事で行き来する足場や手すり

昔は
建地枠を立ててそれに
手スリを付けていた
今は手スリが先で
安全数段よくなった
いわゆる
「安全先取り工法」
なんだなあ

といった安全施設も組み立てます。

【山留め工事】

山留め工は、地下階がある場合は掘削前に山留め壁を施工します。掘削の進捗状況を見極めながら、山留め杭を設置したり切梁を架設したりします。掘削深さにより、1次～3次切梁と段数が増えてくる中で、山留めの変形を小さく抑えるために切梁に油圧ジャッキをセットして、軸力を導入（プレロード）し、事前に切梁に荷重を加えます。

【鍛冶工事】

鍛冶工が、山留めの作業と並行して乗入れ構台を組み立てます。乗入れ構台は地下の掘削土を搬出する掘削重機やコンク

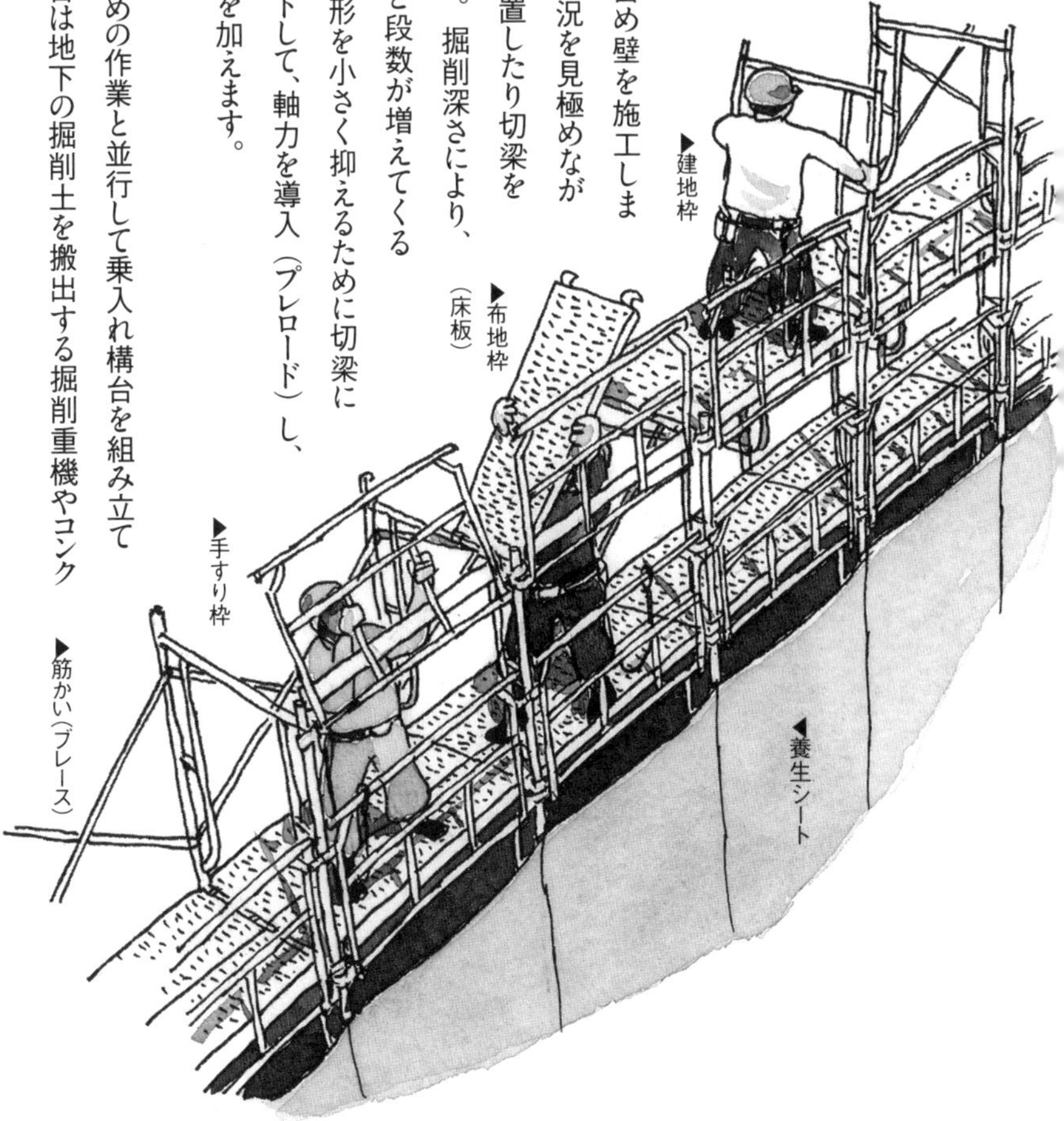

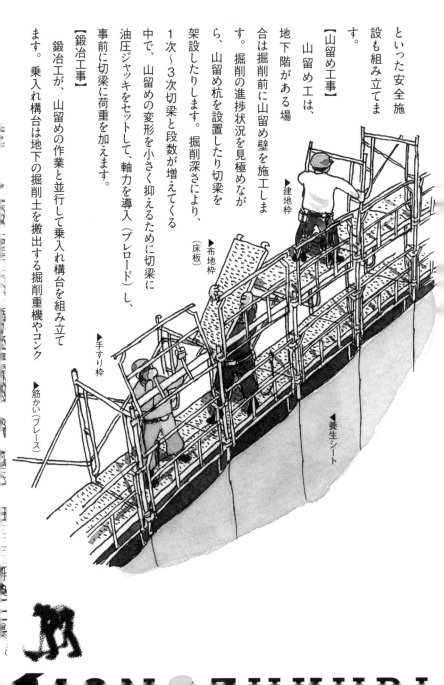

何んのためにプレロードやっているか?
山留め壁がゆるんで突張り(切梁)が効くのでなく、
ゆるむ前に壁を強く押してゆるませなくするんだ!
しかし、押し過ぎると壁を反対方向に変形させる事になる
だから気をつけるんだ!
所定の軸力OK

リート打設用のポンプ車・生コン車の乗入れ用として設置されます。また、地下工事の資材の投入・搬出にも使用され、1階の床のコンクリートが打ち終われば、解体となります。

仮設工事にかかわる職人たちの仕事は、役割を終えればすべて解体・撤去され、現場には残りません。しかし、工事を順調に進めるためには必要不可欠であり、仮設工事が順調に進捗すれば、本工事も順調に進めることができる「縁の下の力持ち」的な存在です。現場は、仮設が整然としていると凛とした雰囲気になり、品質面や安全面において暗黙知的に作業員に良い意味での緊張感を醸し出すことができます。

躯体工事って どんな人が働いているの？

躯体工事とは、建物の骨組みとなる構造体をつくる工事です。専門工種には、鉄筋工事、型枠工事、コンクリート工事、鉄骨工事などがあり、さまざまな職人や専門技術者がかかわっています。

鉄筋工事

鋼材や特殊部材をつくる会社の専門技術者、鉄筋工、圧接工、UT（超音波探傷）検査者がいます。現場では主に鉄筋工が加工・配筋を行い、圧接工は配筋された太径の鉄筋にアセチレンガスを用いて高温で熱し、押し付けて接合します。最近は太径鉄筋には機械式継手も使用します。

型枠工事

合板（ベニヤ）を加工し、現地組立てする型枠大工と、コンクリート硬化後に撤去する型枠解体工がいます。

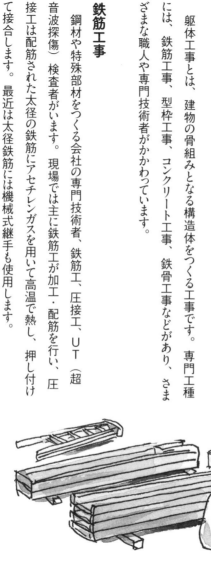

コンクリート工事

生コンを製造し納入する専門業者、コンクリート圧送工、土工（コンクリート打設）、左官工（コンクリート均し・押え）、さらに受入れ検査や硬化後の強度試験をする専門技術者がいます。

鉄骨工事

ミルメーカー（製鉄所）、材料を加工して部材を製作する鉄骨ファブリケーター、部材を現地で組み立てる鉄骨鳶工、部材をＨＴＢ（ハイテンションボルト＝高力ボルト）で接合する本締工、溶接工、錆止めを施工する塗装工、床のデッキを敷き込み作業をするデッキ工がいます。さらに溶接検査をするＵＴ検査者もいます。組み立てられた鉄骨には、耐火被覆工が鉄骨にロックウールを吹き付けたり、マット状の耐火被覆材を取り付けたりします。

躯体工事の職人たちは、建物の骨組みをつくることに自負があり、特に品質確保や精度管理は建物全体に及ぼす将来的な影響が大きいことから、責任感が強いといえます。鉄筋はコンクリートの中に埋もれてしまい、コンクリートや鉄骨は仕上げ工事で見えなくなりますが、建設途中の花形工事です。

ちょっと配筋チェック！
じゃまするヨ
もう大工が入ってきたぞ
急げー！

仕上げ工事って どんな人が働いているの？

仕上げ工事は、建物の外部（外壁・屋根・屋上・外構）と内部（床・壁・天井）の工事に分けられます。使用材料や部位、施工方法により道具や必要な技能が異なり専門性があるため、取り扱う仕上げ材料や施工方法の数だけ専門の技能労働者がいます。

防水工事

防水工が、屋上（パラペット立上りを含む）のアスファルト防水やシート防水を行います。外壁は、シーリング工が外壁版同士や金属建具回りの接合部の隙間である目地からの水の浸入を防ぐために

シーリングを施します。

カーテンウォール工事（外壁）

カーテンウォール工が、プレキャストコンクリート版や金属製のカーテンウォールをクレーンで吊り込み、ファスナーと呼ばれる金物で所定の位置に取り付けます。

ALC工事

ALC工が、鉄骨やコンクリートなどを支持下地としてALC版を取り付けます。外壁に使用することもあれば、内部の間仕切り壁に使用することもあります。ALCは比較的軽量で取り扱いやすく、加工が容易です。

石工事

石工が、外壁に乾式（金物や嵌合で固定）や湿式（セメントモルタルや急結剤で固定）工法で石を張り付けます。湿式工法には石材と躯体との隙間のすべてをセメントモルタルで充填する総トロ工法がありますが、石裏面に浸入した雨水により白華現象（エフロレッセンス）が生じて表面劣化や美観を損なうことがあり、現在は乾式工法が主流となっています。床はバサモルタル（セメントが少ない調合）に上にノロをかけて石を張ります。

左官工事

左官工が、外壁にセメントモルタルを塗ります。主にタイル工事のモルタル下地塗りや、薄塗り工法での打ち放しコンクリート面の補修と床の直押えの補修がメインとなります。最近は壁の仕上げ

にセメントモルタルを塗る工事はほとんど見られなくなりました。和風建築や店舗などの特別な場合に、漆喰やプラスターを塗ることがあります。

タイル工事

タイル工が、外壁や床にタイルを張り付けます。タイルも、小口タイルや二丁掛けタイル、モザイクタイルといったものから大判のタイルまで壁や床によって厚みや材料が変わります。外壁では後張り工法の張付けモルタルは剥離・剥落の危険性が高いため、最近は有機系接着張り（躯体の収縮に追従）工法が主流となっています。タイル工事は目地間隔を均等にして、極力真物で割付けされたタイル割付図に基づいて張り付けます。

建具工事

サッシ工が、外壁開口部や内部間仕切り壁の開口部にサッシやドアを取り付けます。建具にはアルミやスチール、ステンレス製のものがあります。いずれも、基準墨（地墨・陸墨）からの建具の位置をミリ単位で出し、高さ・寄り・出入り

設備屋さんもちゃんとした仕事をしとる

をくさびでセットして、溶接で固定します。取付け後、養生して傷付けないことも重要です。

ガラス工事

ガラス工が、サッシにガラスを取り付けます。ガラスの種類も用途により、使い分けをします。取り付ける場所によって種類や厚みが違うことから、図面でしっかり確認することが大切です。ガラス面に把手が付いた吸盤を数か所取り付け、数人でセットします。大判のガラスは吸盤の付いた機械で持ち上げて取り付けます。

塗装工事

塗装工が、外壁の吹付けや建具・金属の塗装をします。内部仕上げ工事でも行います。塗装工事には下地の「美装」を行う場合と下地の「保護」を行う場合の2つの目的があります。塗料の種類も数多くあり、塗装する相手材との相性もありますので屋外・屋内どちらの工事かを確認しておく必要があります。塗る順序は、一般的には素地ごしらえから下塗り、中塗り、上塗りの工程で進めます。下塗りや中塗りは、色を変えるとどの段階の工程かが一目で判断できます。

軽量鉄骨下地工事

軽量鉄骨工が、軽量鉄骨（ＬＧＳ＝ライトゲージスチール）と呼ばれる材料で間仕切り壁や天井の下地を組み立てます。壁は床の地墨からの位置を出し、ランナーと呼ばれるコの字形の軽量鉄骨下地を床に取

り付け、上部はスラブ下に取り付けます。上下のランナーの中に建地の軽量鉄骨下地を必要な間隔（３０３ミリピッチ）で立て込みます。天井はスラブ下に吊りボルトを吊り下げ、野縁受けと野縁を直角に取り付けます。野縁は石こうボードをビス留めしますので、３０３ミリピッチに入れます。

内装工事

ボード工が、天井や壁の軽量鉄骨下地に石こうボードをビスで固定します。一般的な石こうボードの寸法は９１０ミリ×１８２０ミリ（３尺×６尺）です。軽量鉄骨下地の間隔（ピッチ）が３０３ミリになっていますので、その下地の間隔に合わせてビス留めを行います。壁は、下地の上に石こうボードを張る場合、クロス仕上げ・塗装仕上げがあります。天井も同じように下地の石こうボードの上に岩綿吸音板を張る場合、クロス仕上げ・塗装仕上げがあります。内装工事には、床の長尺シート張りや絨毯張り、フリーアクセスフロアなどの工事も含まれます。

クロス工は、壁や天井に接着剤でクロスを張り付けます。重要なことは、塗装工事と同じで最終仕上げ面になるため、下地の処理（パテ処理、薄塗りモルタル補修）ができていないと必ず表面に細かな不陸（凹凸）が現れます。出来栄えに大きく影響を与えるため、ボードのジョイント部やビス頭の処理は十分に行う必要があります。

床シート工は、接着剤を用いて床仕上げ材を張り付けます。床においても、下地のコンクリート面の平滑度が出来栄えを左右しますので、必要に応じてサンダー掛けや回転式の砥石で研磨する場合があります。

造作大工工事

型枠大工とは違い、造作大工は主に建築の仕上げ材料を扱う大工で、造り付けの家具や木製の下地・仕上げ材を取り付けます。なかでも高級な材料である練付け合板（化粧ベニヤ、ツキ板合板ともいわれベニヤ等に天然木の単板を張り合わせたもの）を取り付ける場合などは、常に繊細な仕事が求められます。

仕上げ工事は業種が細分化しているため、この他にも表具・畳やサイン・看板など数多くの専門工事があります。いずれの職種も最終仕上げで表面に現れ、出来栄えを評価されますので、ミリ単位で管理しなければなりません。建物の完成に近い仕事をするため、高いクオリティを求められることを職人たちはそれぞれ自覚しており、自分の仕事にプライドを持っています。

設備工事って どんな人が働いているの？

設備工事は、電気工事、空調工事、給排水衛生工事、防災設備工事、機械設備工事、昇降機設備工事が主なもので、人が生活する上で必要な設備をつくります。

電気工事

電気工が、電気を供給する設備や通信網をつくります。電気工の中には電気の引込み・配線・器具の取付けを行う強電工、電話やインターネットの情報線などを扱う弱電工がいます。

空調工事

空調工が、換気・冷暖房などの空気環境を

制御する設備を設置します。空調ダクトや機器を取り付ける空調ダクト工、空調ダクトや配管に保温材を巻く保温工、配管工、計測工がいます。

給排水衛生工事

給排水衛生工が、トイレ・浴室・洗面所・キッチンに水を供給する設備や、使用後の排水を流す配管設備を設置します。給排水の配管作業や衛生器具（便器・洗面台など）を取り付けるのは、配管工が行います。

防災設備工事

防災設備工が、火災報知機や消防設備を設置します。火災の予防、災害時の避難、消火などの目的で設ける特別な分野の設備工事であるため、建物使用者の安全を守るために、用途・規模に応じて消防法や建築基準法などでさまざまな仕様が義務付けされています。防災設備工には自動火災報知機、屋内消火栓やスプリンクラー、排煙設備など、防災機器を施工する専門技術者がいます。

カチャン

ギイ

ギイ

機械設備工事

機械設備工が、機械式駐車場を設置します。工場の建設で使用される専門的な生産機器設備を整えることもあります。

昇降機設備工事

エレベーター・エスカレーター・小荷物用専用昇降機などの設

備は、安全性において高い専門性が求められるため、予備電源・中央管理室との連絡電話装置・呼び出し装置といった機器の、設置やメンテナンスができるエレベーター・エスカレーター工がいます。

これらの設備は生活に密接にかかわるものですが、工事は裏方の、見えない狭い場所で行います。それでも自分が手掛けた仕事が人の役に立つことの喜びがあり、人の命を守る責任があります。

解体工事ってどんな人が働いているの？

一般的に、建物の寿命は鉄筋コンクリート造では60年程度といわれています。構造体の耐久性と耐震性の低下や設備の老朽化などのため、解体が行われます。あるいは、建設当時の階高が低いことから、居住性の向上（オフィスなどはＯＡフロアにすることで天井高さが低くなり圧迫感がある）や環境負荷低減といった新たな機能の建物を新築するために解体が行われることもあります。

建物を解体する場合、事前に既存建物を調査し、躯体解体前に解体工による有害物質（石綿・ＰＣＢやフッ素など）の除去、内装解体撤去、設備機器やダクト・配線・配管撤去、場外運搬・処理処分が必要です。石綿などの特殊有害材料がある場合は専門の技術者が必要です。

建物の躯体解体の場合は大きく分けて、解体重機を建物上に載せる「階上解体」と地上から解体重機のアームを伸ばす「地上解体」に分けられます。いずれも解体したコンクリートや鉄骨のブロックが重量物であるため道具や重機も大型となり、それを操作するオペレーターは重要な技能労働者です。

❶ 階上解体工法

建物の敷地に余裕がない場合、外周に足場を組み立て、防音パネルで建物を囲い、屋上にクレーンで解体重機を吊り上げ、その重機で屋上から順に解体していく方法です。躯体には重機や解体ガラの重量が作用するため、下部の躯体（梁下・スラブ下）にパイプサポートなどで補強を行います。また、重機は解体ガラでスロープをつくりながら下階に降りていきます。これを繰り返しながら解体作業を進めていきます。この場合は、外部足場の解体（鳶工）・散水養生（解体工）以外はほとんどが重機のオペレーターによる作業となります。

❷ 地上解体工法

敷地に余裕がある場合、地上に設置した重機からブームを伸ばして解体を行う方法です。近年のロングブーム重機では高さ60m程度の建物の解体が可能になりました。

いずれも、防音パネルや防音シートにより騒音・振動対策が必要です。また、粉塵対策として、作業中は常に散水養生を行います。この場合も、外部足場の解体・散水養生と指揮者以外はほとんどが重機のオペレーターによる作業となります。

解体工事は「建てる」ではなく「壊す」ため、通常の工事とは違い、外壁の崩落やガス爆発、石綿の飛散などといった危険が常に付きまといます。綿密な打合せで作業手順や安全対策を遵守し、騒音、振動、埃、飛散物に注意し、特に事故を起こさない対策を取る必要があります。また、

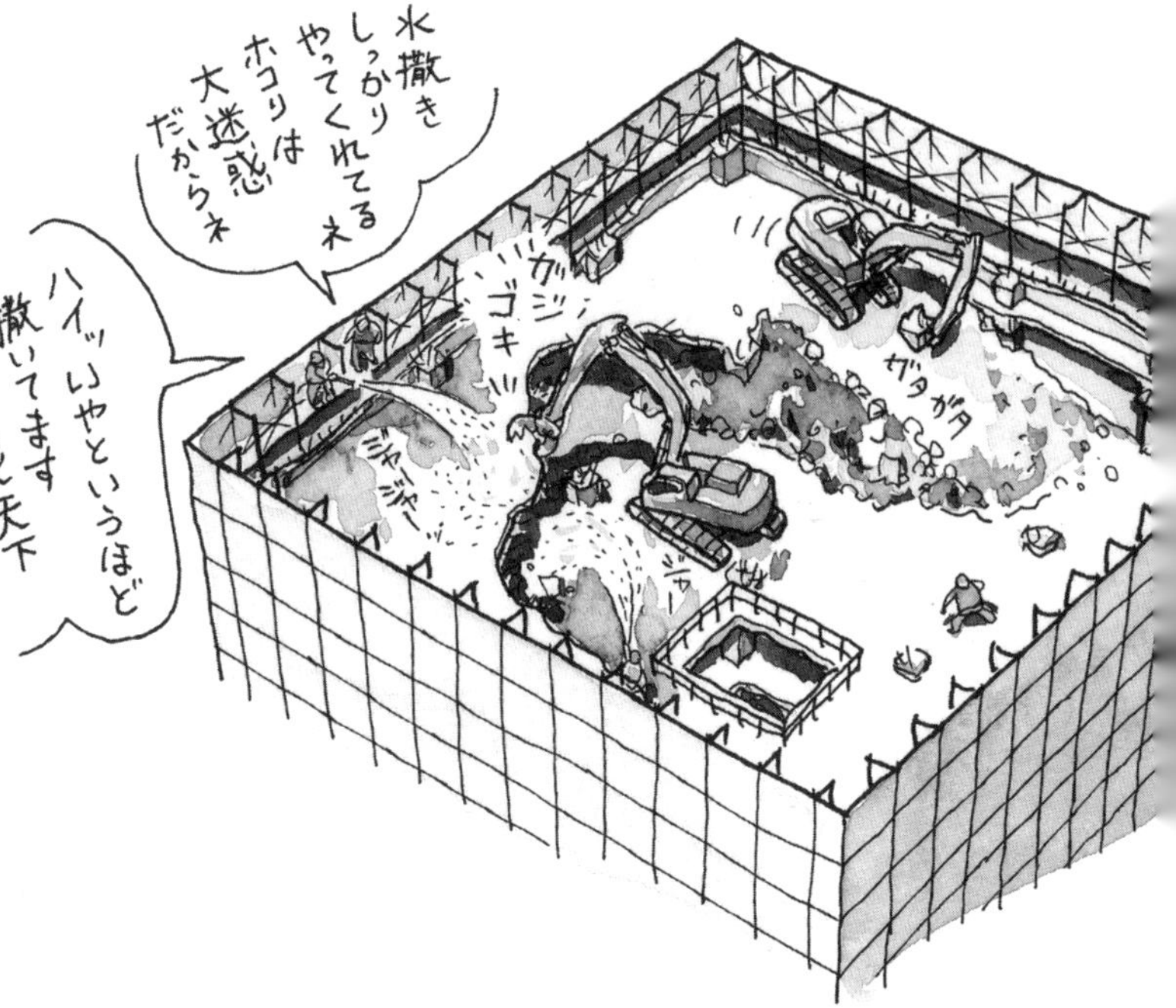
今日の炎天下こっちが水浴びしたいくらい

建物によってはこれまでの建物の歴史や人々の想いを受け止め、解体する前に関係者への挨拶や連絡を行うこともあります。

ぴかイチの凄腕を持つマイスター

世の中には、「匠」といわれるような高度な技を持つ技能労働者（職人）が数多くいます。

建設業においては、作業に従事する技能労働者の中でも中核をなす職長が重要な役割を果たしています。

２００８年に建設業法施行規則が改正され、国土交通大臣の登録を受けた機関が実施する登録基幹技能者講習の修了者は登録基幹技能者として認められるようになりました。彼らは優れた技能に加えて、マネジメント能力も有しており、上級職長としてゼネコンの計画・管理業務に参画し、補佐することが期待されています。

登録基幹技能者の業務・役割は４つあります。

❶ 登録基幹技能者からゼネコン技術者への施工方法の提案
❷ ゼネコン技術者と登録基幹技能者との調整
❸ 他の登録基幹技能者との調整打合せ
❹ 登録基幹技能者から一般技能労働者への指示・指導

技能労働者は見習いからスタートし、経験と訓練を積み重ねて一般技能工になり、さらに経験を重ね、技能を高めて職長になります。早い人は入職してから７年程度で職長になります。職長経験をさらに３年以上積み重ねると、上級職長・登録基幹技能者になることができます（ただし、１級技能士や１・２級施工管理技士の資格取得済みが条件となっています）。

ゼネコンは、優秀な職長のいるサブコンを確保し、協働するために２０１１年から順次優秀な職長を評価して優遇するマイスター制度を設けました（各社により呼称は違います）。職長は各ゼネコンでの勤続年数や資格・経験を審査され、シニアマイスター、スーパーマイスター、マイスターといった専門性の高さを認める呼称が与えられます。

彼らには通常の賃金以外に特別な手当があります。

まずは誰でも新人として仕事を覚えることから始まりますが、毎日の積み重ねが仕事を極めることになります。目標を持って突き進んでください。

海外の建設プロジェクトにチャレンジしてみたい

日本の大手・中堅のゼネコンは、これまでかかわった国々、特に東南アジアでQCDSEの信頼性の高さが評価されています。日本のゼネコンだからこその技術力と、品質・安全・工期を守ることなどから、ビル建築・工場建築では各国の建築分野の中で売上高がトップ10に入る日本のゼネコンもあります。

では、どうすれば海外のプロジェクトにチャレンジできるのでしょうか。

まずは、ゼネコンに入社したら日本の建設現場で2～3件のプロジェクトを担当することをおすすめします。経験するプロジェクトの規模にもよりますが、入社後約5～7年を経て、ひととおり建築工事のプロセスを身に付けることが重要です。海外に行けば、比較的大きな工事でも日本人は自分一人でプロジェクトマネージャーとして現地スタッフを雇い、現地の専門工事業者と契約を結び、設計図書にある建物を工程管理しながら安全につくり上げることが求められます。

言葉や文化、生活慣習が異なる国では、自分なりの想いをしっかり伝えてプロジェクトをコーディネートできていることが基本であり、大事なことです。基本だけでも理解できていたら、分からないことを誰かに聞いて理解を重ねていけばいいのです。何が分からないかが分からないことほど、不安なことはありません。したがって、海外に行く前に自信が持てるよう、日本の現場で物事を整理しながら自分のものにしていきましょう。

そのためにも、建築士や施工管理技士などの資格を入社後早い段階に取得することをおすすめします。いったん海外に出ると海外生活が長くなる場合もあり、資格取得のタイミングを失うこともあります。海外に出るためのパスポートと思って、若いうちから資格取得の勉

The Top 10 Firms by Market Revenue

RANK 2020	BUILDINGS ※ Top10 Revenue $65.3Billion
1	ACS, ACTIVIDAES DE CONSTRUCCIÓN Y SERVICIOS
2	HOCHTIEF AKTIENGESELLSCHAFT
3	CHINA STATE CONSTRUCTION ENGINEERING CORP. LTD
4	SKANSKA AB
5	STRABAG SE
6	BOUYGUES
7	LENDLESE
8	ROYAL BAM GROUP NV
9	FERROVIAL
10	JAPANESE CONTRACTOR

（ビル建築）　※ 1Billion = 10億円

RANK 2020	MANUFACTURING Top10 Revenue $6.9Billion
1	SINOMA INTERNATIONAL ENGINEERING CO. LTD
2	JAPANESE CONTRACTOR
3	SAMSUNG C&T CORP.
4	SKANSKA AB
5	JAPANESE CONTRACTOR
6	GS ENGINEERING & CONSTRUCTION
7	EIFFAGE
8	SAMSUNG ENGINEERING CO. LTD.
9	HYUNDAI ENGINEERING & CONSTRUCTION CO. LTD.
10	ACS, ACTIVIDADES DE CONSTRUCCIÓN Y SERVICIOS

（生産工場）

enR.com August 17/24.2020

海外の建物種別TOP10ランキング

強をすることで、目の前の日々取り組んでいることが「あぁ、そういうことなのか」と頭の整理がつくようになります。特に、若いうちにある特定の工種の担当になって目の前の業務に追われるようになると、毎日業務を処理するだけとなってしまい建築を体系的に考えるチャンスを失うことになります。同じことをしていても前工程と後工程、またその工事の契約がどうなっているのかなど、広く建築工事のマネジメントの観点で物を見られるようになることが、海外に出た時に大きな自分の考え方の柱になります。

というわけで、30歳前後が海外に初挑戦をするいいタイミングではないかと思います。ゼネコン各社で異なりますが、一般的には国際研修生制度などがあり、まず社内募集期間が年に一度あります。そこに応募して、面接で自分の想いや海外で取り組みたいことなどを伝え、社内選抜を経て研修生となります。その後、語学研修や日本での国際支店などの部門業務、実際に海外に行っての数か月間のインターンシップ的な研修を経て、最終的な個人の希望と研修期間を通じての適性判断を会社が行い、晴れて海外現地法人（日本企業が海外に設立する会社）のメンバーとして現地赴任することになります。

いまは多様な生き方がありますが、子どもがいる場合は、本人が現地で業務に慣れてから数か月後に家族を現地に呼び寄せるのが通常のケースとなっています。自分が落ち着いて仕事ができてからでないと、家族の生活準備や子どもの学校といった教育の準備などに気が回らないものです。

これらは、多くの海外巡回指導を通して得られた私の経験から思うことですが、子どもを連れていく場合には、できるだけ小さいうちがいいでしょう。子どもの教育で悩む時期ではないため、のびのびと家族で過ごすことができます。海外勤務を希望するなら30代の若いうちにとおすすめする理由のひとつです。

海外のプロジェクトで頑張っていくには、何より現地の生活を楽しむことが第一です。語学力はコミユニケーションの苦労がないよう、あるに越したことはありませんが、語学力よりも建築に対するしっかりとした考え方のほうが重要です。

最初は一人で心細い面もありますが、それも含めて楽しめる前向きな気持ちになることで物の見え方が変わってきます。これらの経験は海外から日本に戻って仕事をする時にも大きな糧となり、人生の幅も間違いなく広がります。

いまの時代はウェブでのコミュニケーションが可能で、以前よりも海外が身近になっています。この先、日本のゼネコン各社は間違いなく海外工事比率を高めていくことと思います。ぜひ、新しい道を拓く気持ちでチャレンジしてみてください。

主任大丈夫？
ワタシ替ろうか？
Can you Speake English?
ボク！
ニホンゴ
スコシワカリマス

第4章 ものづくりの心

時代の動きに敏感でいよう

建物は、建築主の想いがかたちになったものですが、同時に生命や財産を守る器、社会の資産、時代の文化を後世に伝え継ぐものです。したがって、見た目が良いとかデザイン優先の建物をつくるのではなく、地震や台風に対して安全な強度を保つものであること、用途や快適性など使い勝手の良いもの、さらにまちなみや自然に融合し、外観から細部のディテールに至るまで美しいものであることが期待されています。また、建物は長く使われるものでもあるため、時代や環境の変化・ニーズに応えることも求められます。

現代社会はいま、デジタル化に大きく進みつつあります。建物の設計から施工、維持管理までをＢＩＭ、

Society5.0（IoT）、DX（デジタルトランスフォーメーション）、ICTといったデジタル技術で行うことに関心が高まっている中、緩やかな社会環境の変化に敏感でなければ後手に回ってしまいます。

「茹でガエル」というたとえ話があるのをご存じでしょうか。釜の中の冷たい水にカエルを入れて徐々に熱していくと、緩やかな変化に気付かないままカエルは死んでしまいます。かたや、熱湯の釜にカエルを入れると熱くて驚き、飛び出してしまう。これは、人間も含めた生き物は緩やかな変化には気付きにくく、急激な変化には誰もが気付くという話です。

世の中の動きを止めることはできませんが、自分自身のアンテナで世の中の動きを敏感に受け止めることができれば、一歩でも半歩でも先取りし、これからの自分に求められるもの、その中でやりたいこと、できることが見えてくるはずです。

いい湯だな・・・
ぬるま湯は浸かっていると
変化に気付かず
知らぬ間にゆでガエルに
なってしまう・・・

あの時相談してくれたらよかったのに
ナゼ連絡しなかった？
なぜ報告しなかったー！

仕事にはどういったコミュニケーションが大切？

現場は、建築主や設計事務所との関係や上司と部下の関係、社員同士の関係、協力会社の人たち（技能労働者を含む）との関係など、多くの人間関係で成り立っています。そこで行われるコミュニケーションは、ものづくりをする上で最も大切なものです。ものづくりでは、つくるために必要な情報や考え方を皆で立案・作成し、関係者全員が確実に共有して、初めて具現化できます。

作業所長・工事課長とのコミュニケーション

現場は挨拶に始まり、挨拶に終わると言っても過言ではありません。朝、現場事務所に入れば大きな声で「おはようございます」、終業時は「お先に失礼します」といった挨拶は社会人としての基本です。「報告」「連絡」「相談」は「ほうれんそう」といい、上司との大事なコミュニケーションとなります。業務の進捗を報告する中にも、ちょっとした疑問や気になること、心配事が出てくるでしょう。そんな時でも要所要所の連絡をしておくことで仕事がスムーズに進むものです。お互いに考えていることが分かり合えれば、業務ははかどります。「親しき中にも礼儀あり」ではありますが、仕事を離れた時でも本音でものが言える関係ができるといいですね。

同僚とのコミュニケーション

年代が近い者同士だとお互いの悩みや相談事は比較的しやすく、工事の担当が違っても共通の話題はあるものです。技術的な課題や協力会社・技能労働者への対応については連絡や相談を密にして、分からないことや気になることは大いに議論すべきです。お互いの理解が深まれば協力し合う間柄になり、ストレスを溜めることはありません。

自分都合の反省あるなあ……
報告 連絡 相談
ホウレンソウとはよくできた教育コピーだ
だがそれも普段のコミュニケーションが自然と培うんだ
ところでキミ帰りに一杯どうかね?

サブコンとのコミュニケーション

ものづくりは、ゼネコンとサブコンが力を合わせてお互いの知恵を出し合い、コミュニケーションが取れていることが大事です。そのためには「ともに考え、ともに語り、ともにつくる」という意識が必要です。普段から何気ない挨拶に始まり、名前を呼ぶ時は「○○さん」と声を掛け、同じ目線で会話しなければなりません。お互いの信頼関係を構築するには、的確な指示と確認が必要です。

職長から「終わりましたよ」と連絡があり、指示したことができていれば、「良くできていました。ありがとうございました」や「ご苦労様でした」の一言が礼を尽くすことになります。人は成し遂げた仕事の評価が欲しいものです。自分の仕事を見ていてくれるとなれば、信頼関係が構築できます。指示をして確認を怠ると相手からの連絡が来なくなり、信頼関係が壊れます。万が一トラブルが起きても、コミュニケーションがよく取れていれば「しょうがねえなぁ！　分かった、任せろ！」と多少の無理を聞いてもらえる関係ができます。

いずれにしても、コミュニケーションはすべての人間関係で重要視されます。働き方改革のひとつとして、最近の現場では個人の机をフリーアドレス（個々に机を持たないスタイル）にしてパソコンを毎日持ち運び、自分の座る場所を変えるようにしているところもあります。そうすると自分の周りには毎日違う人が座るため、常に全員と話せる場になります。休憩所も仕切りなどで個別にリラックスできるコーナーを設けたりして、コミュニケーションを大切にした職場環境をつくっています。

スケッチ力で仕事をスムーズに。スケッチコミュニケーション

物事を伝える時、私たちは言葉や文章を使いますが、伝言ゲームになると少しずつニュアンスが違って、最初に伝えたいことが変わってしまうことがあります。

私たちが扱う図面は「共通言語」ですが、現状は、設計者やサブコンとの間で、また、施工図や製作図をまとめる担当者との間で打合せを行う時、意匠、構造、設備の整合性が取れず、後になって設計を変更するケースが見受けられます。理由はさまざまあるので一概には言えません。しかし私は、デジタル化が進み、自分で施工図を描く機会が少なくなった若い施工管理技術者の「図面を描けない・読めない」ことが、コミュニケーション不足や食い違いによる手戻り、3次元思考能力（立体的に空間を捉える能力）の不足を招く要因のひとつではないかと思っています。

よく分る・・・
その方がいいな
それで説明行くよ
手描き！ウマいもんだ

デジタル技術だけに頼らず、スケッチをもとに言葉で伝える

そこで、原点に返って自分でスケッチを描く「スケッチコミュニケーション」をおすすめします。例えば、BIMなどをもとに打合せする時、施工管理技術者が自ら描いたスケッチ（図で表現したもの。手書きでもCADでも構いません）に疑問点や検討事項を書き込み、設計者や専門工事会社との間でコミュニケーションを図ることができれば、お互いの認識を共有できます。特に異職種同士の各部の取合いをスケッチで検討し、整合を取ることが重要です。そうしたスケッチコミュニケーションは、結果として品質や機能・安全性を確保することにつながります。

生産性向上というと、最新のデジタル技術をつい当てにしてしまいがちになっていますが、原点は図面で「考える・検討する・伝える」こと。これがまさにスケ

現場合わせのところですがここがこうなんですだからこうしましょう
あとの清書はCADできっちりネ
ハヤーい！CADではとても間に合わない！

ッチコミュニケーションであり、それに慣れることからスタートすべきだと考えています。

スケッチコミュニケーションは、専門外の建築主から現場第一線の技能労働者にまで伝わる強力なコミュニケーションツールであり文化です。今後、現場での仕事を志す人に絶対必要な能力です。

余談ですが、ある作業所長は5ミリ方眼のノートで部下とのやり取りにスケッチを用いています。スケッチコミュニケーションは立場を超えて必要なことを伝達できることの表れですね。

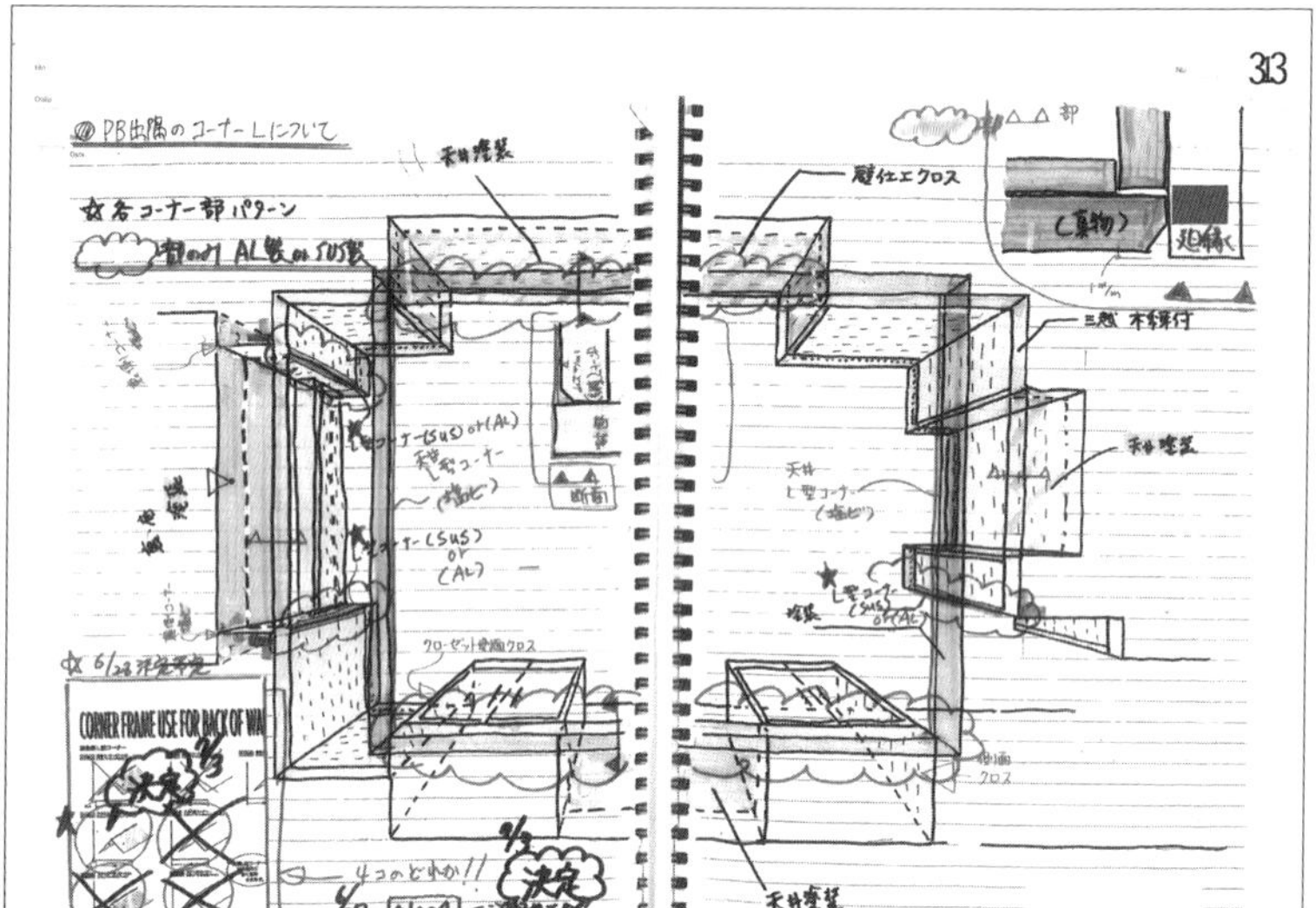

【ホテルのスケッチコメント】
設計事務所との事前協議のため、客室の内装においてプラスターボード出隅コーナー部の納め方のスケッチコメントを作成した。間違いのない統一したかたちで納めるためのイメージを互いに共有でき、その後はそのまま施工会社への作業指示書として活用、複数階において統一施工を確実なものとした。

【スケッチコミュニケーションのポイント】

❶ 現場の施工計画についてスケッチを使って方針を立てる。

❷ 方針を実現するために各担当者にスケッチで検討することを指示する。

❸ 製作図に展開できる指示、議事録を極力スケッチで残す。

❹ 作業の流れや工程計画を、スケッチを用いて説明するよう習慣付ける。

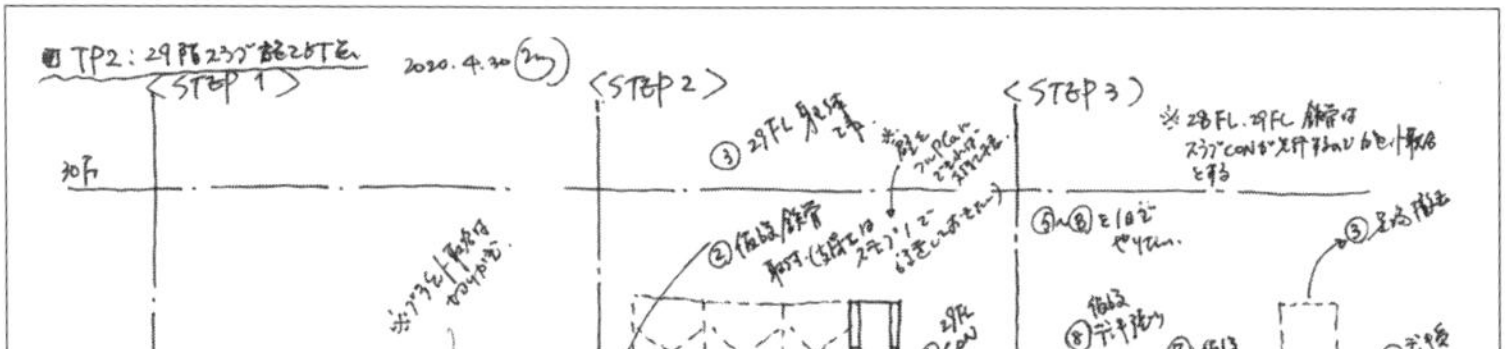

【集合住宅のスケッチコメント】
集合住宅のスラブダメ開口塞ぎの手順において、足場の盛替えとその後の床の塞ぎ方などの安全性を重視したステップごとのスケッチを描き、各職の職人さんと作業確認した。

デジタル技術で実現する環境との付き合い方

皆さんは、インテグレーテッド・デジタル・デリバリー（IDD＝Integrated Digital Delivery）という言葉を耳にしたことはありますか？　これは、シンガポール政府が建設領域で目指す概念として使っている言葉です。

日本を含め世界の建築の先端をいく国々では、この概念で建設プロセスの変革が進められています。IDDはプロジェクトの企画段階から設計、施工計画、製造、施工、竣工後の建物維持管理までビルディングライフサイクル全般にかかわるデジタルデータを有効活用することです。

このデジタルデータのもとになるのがBIMデータですが、そこではBIMは単なる3次元の設計データではありません。従来の設計から施工に至るまでの整合を取って情報が流れるのは当然ですが、BIMデータの構成要素である属性データが工程やコスト、製品の仕様・品

そりゃよかったデス！
パースと模型の働きが同時に分かる

質スペックなどと紐づけられることによって、いろいろなシミュレーションが可能なデータとなります。また、これまでの２次元のＣＡＤ図面と違って３Ｄデータが直接、製造メーカーの機械と連携し、これまでのプロセスを大幅に短縮したデジタルファブリケーションが可能になるなど、建築のものづくりを大きく変えていく可能性があります。

デジタルに振り回されない

蓄積されたデータから最適解を導くことや、これまで膨大な時間が掛

工事中の状況もパースでよく分かる

かっていた計算やシミュレーションが瞬時にできるなど、デジタル技術の進歩は目を見張るものがあります。

一方で、頭をひねりながらアイデアを出して試行錯誤のシミュレーションを手作業でしてきたこれまでの建築技術者は、図面と諸条件を見ただけで、直感的にプロジェクトを左右する大事な勘所が分かります。これは経験に裏付けられた訓練と常に物事の原理原則を捉えた上で、なぜなんだろう、もっと良いアイデアはないかとあらゆる角度から物事を考える癖をつけることで備わった力といえます。

これからを担う若い人たちにぜひ気を付けていただきたいことは、コンピューターに入れる条件のパラメータを何にするのか、なぜそのパラメータを使うのか、出てきた答えは所定のパラメータによるシミュレーション上の最適解だが、本当に施工計画や現場運営まで考えて最適なのか、初期条件に不備はないかなどをとことん考え抜いてほしいということです。そうでなければ、建築技術者が単にデジタルデータに振り回されるだけのデジタルオペレータとなってしまい、職人たちの姿が目に浮かぶようなリアルで信念のある施工計画は生まれてきません。

形式知と暗黙知、どっちが大事？

私たちが常に「安心で安全な建物をつくっています」と言える根拠には、「形式知」と「暗黙知」で判断する知識があります。

「形式知」は、すでに法律や規準で定められた項目や数値で物事を判断する知識であり、建設業法、建築基準法、労働基準法などの法律、標準仕様書や共通仕様書といった基準、日本建築学会や会社の技術指針や管理要領などのマニュアルがあります。そ

形式知はこれから益々重要になってくる！つまり数字でモノを言うことが大切だ
対する暗黙知は体で覚えた自分の財産だ！先に行くほど安心か否かの目安になる！

れらはすべて言葉で表現できる知識です。

一方、「暗黙知」は、言葉で表現することが難しいものですが、経験や直感、解釈に基づく知識であり、それは「個人の自覚、チームワーク、社会の一員という意識と取組み」によって培われます。「個人の自覚」には、社会に役立つ建築物・構造物をつくる喜びと、ものづくりのプライドがあります。「チームワーク」には、元請・下請、上司・部下、本社・現場でのコミュニケーションを活性化し合うパートナーシップの発揮があります。「社会の一員という意識と取組み」は、現場の人間は地域や社会の一員であるという認識、ステークホルダーを常に意識した仕事、行動をいいます。

「形式知」と「暗黙知」はどちらか一方があればいいというわけではありません。「暗黙知」を大切にしながら「形式知」を活用することが求められます。

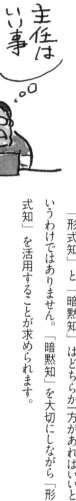

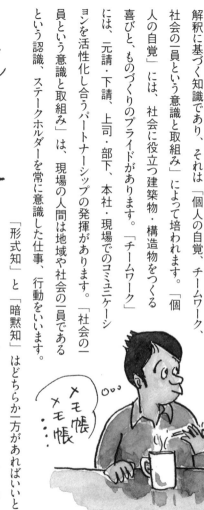

ほんとうのものづくりに、ごまかしはきかない

聖書の中に「樹はその果実によって知るべし」という教えがあります。良い樹には良い果実がなり、悪い樹には悪い果実がなる。ゆえに良い樹か悪い樹かはその果実によって知らされる、という意味です。

建築の仕事で言い換えるとすれば、その人（建物をつくった人）がどんなに立派な建物をつくり、えらそうに振舞っても、その建物がそれにふさわしくない（品質に問題があることを指す）ならば、それはただの言動のむなしさを表すのみです。

ものづくりの精神

法隆寺の宮大工棟梁だった故西岡常一の愛弟子に、小川三夫という人がいます。彼は、著書『棟梁　技を伝え、人を育てる』（文藝春秋、２００８）の中で

（ほんとうを覚えるのには時間がかかる。時間はかかるが一旦身についたら、体が今度は嘘を嫌う。嘘を嫌う体を作ることや。）

と述べています。また、刃物研ぎは自分の力量を表すもの、一心不乱に研ぐことによって大工としての感覚と精神も養われる。完成品だと思っても他人が見れば酷いものだということもある、とも綴っています。

その精神は、建築現場で働く技術者の仕事にも通じています。ごまかさず、真摯に向き合ってきた仕事に対して完成した建物は「工程管理のプロセス」と「結果としての建物」で評価されます。いま、現場での「ものづくり」に一番大切なことは、「技術がつくり出すものは社会に大きな影響を与える」「技術と建築物の品質を把握できるのは経営者ではなく、現場で働く技術者である」、この2つを忘れないことだと痛感しています。

技術者の矜持

問題解決の考え方に「現場・現物・現実（現場で現物を確認して、現実を知る）」という三現主義がありますが、施工管理では「現地・現物・現時」の考え方が必要です。つまり、現地を見れば現物（問題点）が分かります。そして、現地は刻々と変化するためタイムリーな現時管

理が必要です。この三現主義を旨とする技術者こそが、品質問題や災害・事故を防止することができます。そこには、法令遵守・コンプライアンス・CSRを支える「技術者倫理」によって「施設を使用する人の安心と安全を守る」という使命を全うする、建設業に携わる技術者の矜持があると思うのです。

技術者倫理

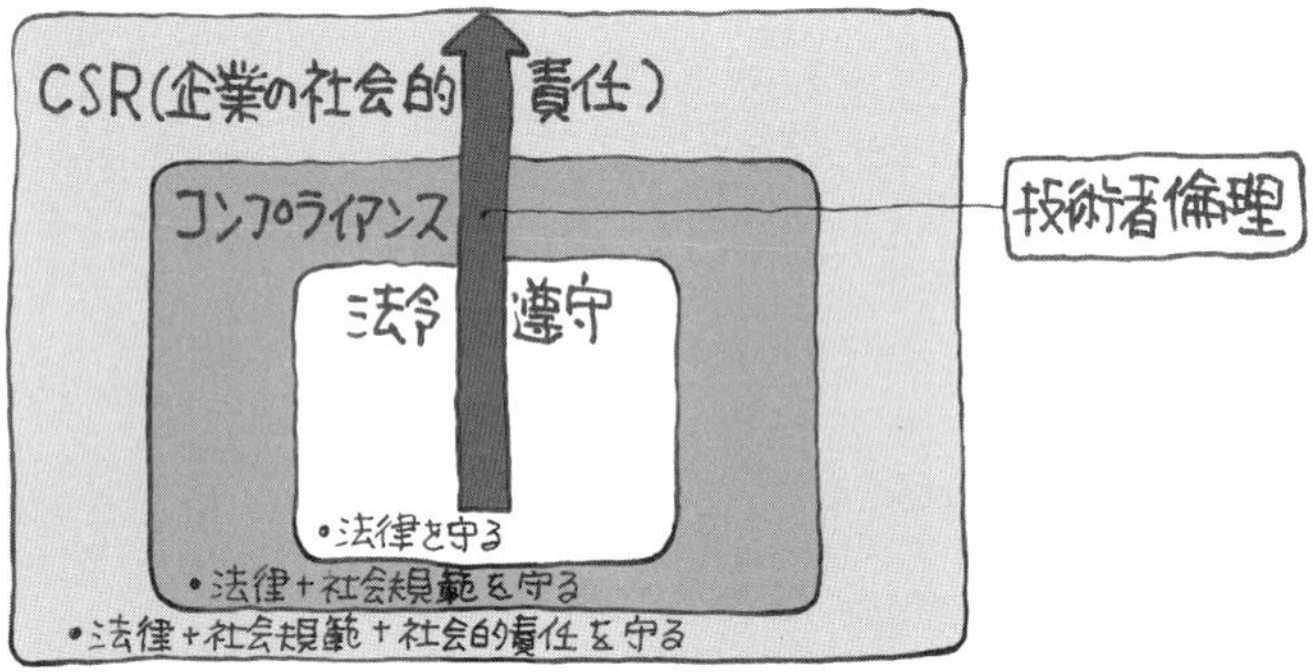

建設業に携わる個々人において、法令遵守・コンプライアンス
CSRの源泉・支えとなるものが「技術者倫理」

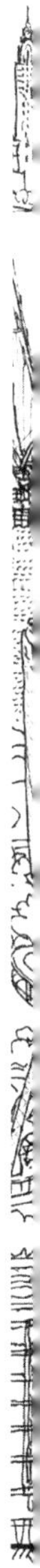

ものづくりのやりがいを感じる瞬間

現場でものづくりに携わる人は、どんなことにやりがいと楽しさを実感するものでしょうか。人によって違いはあると思いますが、私の場合は3つあります。

❶図面からかたちにしていく創造性があること。
❷自己実現を実感できる機会であること。
❸人とのつながりが実感できること。

建物は一人でつくるわけではありません。自分の周りには、期待してくれる人、期待に応えてくれる人、助けてくれる人、指導してくれる人、建物を使って喜んでくれる人がいます。皆で力を合わせる心強さや手応えを感じるものづくりは、失敗や厳しい局面を経験することがあるものの、それを上回るやりがいと楽しさに魅了されます。

ものを生み出す喜びはどのジャンルでも同じ

建築現場は、例えるなら演劇と似ています。演出家は作業所長や工事課長、主役は職人さんたちです。演劇は、作品（プロジェクト＝建物）です。シナリオをつくり、配役を決めることは演出家の腕前が試される一番重要なところであり、腕の見せ所です。シナリオは工事計画、工程計画、品質管理計画、予算管理計画。幕あいは、着工から竣工までのマイルストーン（各工程の区切り）となります。

それぞれの役割が集まってものづくりが進み、完成した時の達成感や充実感を味わうことは、仕事にかかわった人間にとって技術屋冥利に尽きる瞬間です。

照明の調子がどうも……
そりゃ困ったな
生か死かそれが問題だ
「マクベス」
オーイ！たれ幕が違っとるそれは半年先だ
ボク黒子
建築と演劇がよく似る例えだがシェークスピアとまで言わんがせめてレ・ミゼラブルくらい出せんかったかな～
イラスト描きのセンスが知れるねぇ……
ナニ？雁の鳴声がナイ？じゃあカラスで間に合わすか

いつでもOKですが台本にないのに大丈夫？
クライマックスで雪をチラチラ撒いとくか？
パタパタ
遅いぞ！間に合わせ！
トントンカンカン
赤城の山も今宵を限り……
ビーン
ベンベン
ピーヒャララ
ドンドン
鳴りモノは調子いいヨ
チンチャカ
初日は大丈夫かって大入袋用意したけど……
センパイ！足が開いてます
オイ！子分の三番！向きが違うぞ脚本どおりにヤレ！親分の方！表情が明るすぎる
モシ先生！通しケイコですが、まだ役者が揃ってません！
夜食用意してますのでテキトウに

現場の作業所長さんはどんな人？

読者の皆さんは、現場の作業所長にどんなイメージを持っていますか？百戦錬磨のベテラン、怒るとコワそう！……などでしょうか。実際にはそのとおりですが、それ以上に、ものづくりの中心的な存在として魅力いっぱいの人たちが多いものです。

作業所長は、施工管理組織の長として、人や物をマネジメントし「活き活きとして魅力があり、やりがいのある職場づくり」を実現する役割を担っています。職場のチームづくりには、次の5つの項目を満たすことを理想としています。

❶ 作業所長自らが建築主、設計事務所、内勤部門、協力会社とコミュニケーションを図り、技術力を駆使して建築主の想いに応える。

❷ 共通言語である図面でコミュニケーションが飛び交っている。

❸ 常に元気のある挨拶、笑顔での会話が交わされている。

オレが決断せんとイカンか？・・・

❹ものづくりに対する情熱がある。
❺皆が同じベクトルに向かい、前向きな議論が交わされている。

職場環境を整え、現場と人に対して責任を持って仕事を進める作業所長は、同時に、自身の技術・マネジメントを伝承し、部下を育成していく責務もあります。その実行力と求心力でできる信頼関係は、部下の憧れや目標とされるのです。

建物は、完成しても維持・改修しやすい施工の配慮が不可欠

私は新人の頃、会社のトップから「建築の施工にあたっては、目に見える部分より、目に見えない隠された部分をより良く仕上げることを命じ、真に良い仕事は小手先の技術から生まれるのではなく、精魂を傾け尽くすことによって技術が生きる」「建築は永遠のものであり、いささかの欠陥があっても、長い年月の間には必ず暴露されるものであるから、常に完全無欠でなくてはならぬ」と言われてきました。

建物は完成すると残るものです。この言葉は常に心に刻まれ、どの現場で施工する場合にも将来、欠陥

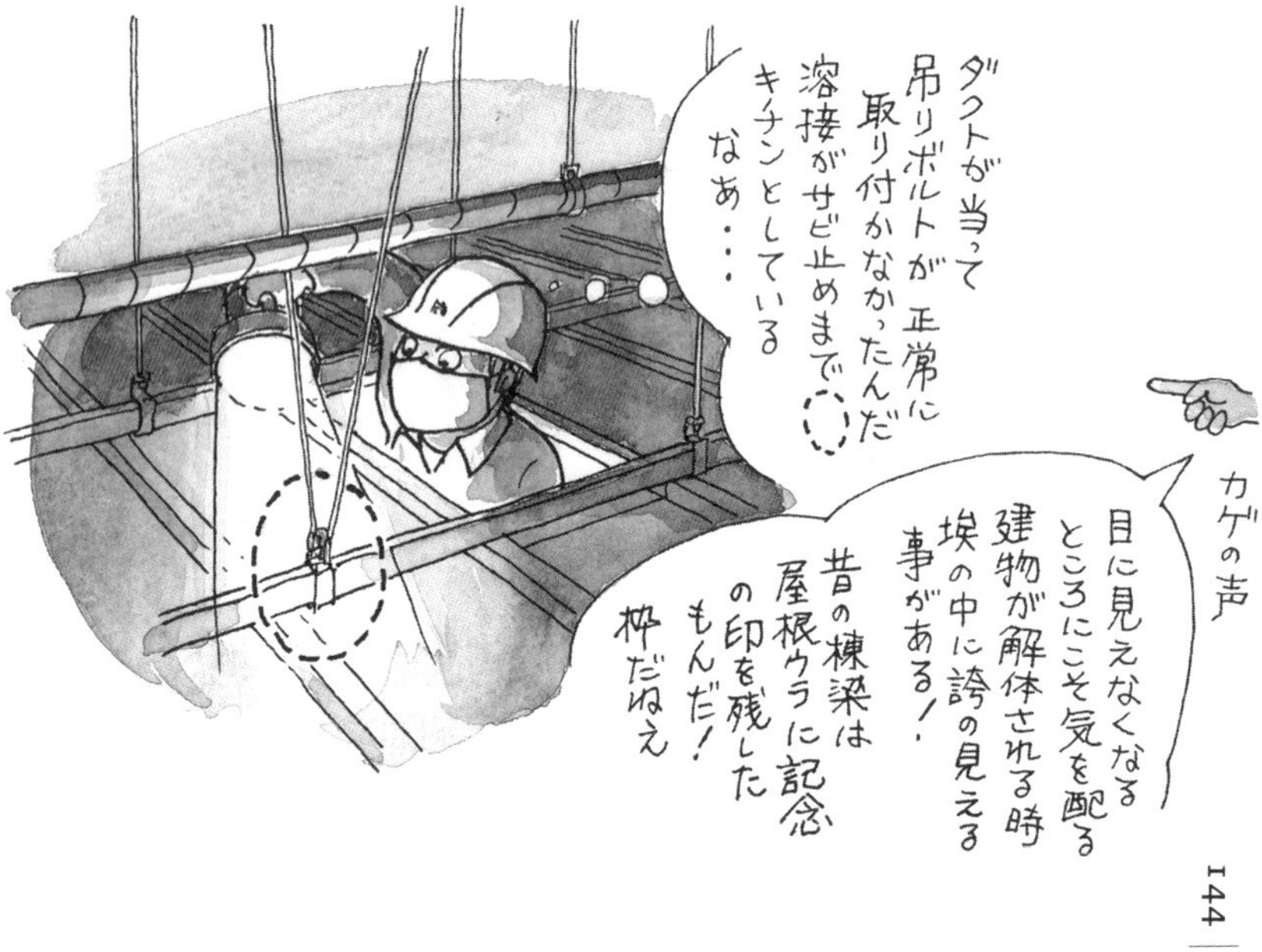

ダクトが当って吊りボルトが正常に取り付かなかったんだ
溶接がサビ止めまでキチンとしているなあ・・・
カゲの声
目に見えなくなるところにこそ気を配る
建物が解体される時埃の中に誇の見える事がある!
昔の棟梁は屋根ウラに記念の印を残したもんだ!
粋だねえ

が出ないための技術検討を欠かしませんでした。

普段は目にしない小さな場所も丁寧に

では「目に見えない部分」とはどんな部分かというと、例えば、設備のパイプシャフトの中がそうです。点検以外にはほとんど入ることのないスペースですが、床はコンクリートのままが多く、点検後は廊下の床をコンクリートの粉で白く汚してしまいます。その場合、費用は少々かかりますが床に防塵塗料を塗ることを提案します。また、点検口にある点検口枠の抱き（開口部材と壁の取合い部で段差となっている部分）は、モルタルで適当に埋めず、きちんとした形状に成形し、角を出して仕上げます。一般の人が見ることのない、まさに目に見えない部分です。

梁型枠に釘止めしたデッキプレート型枠の釘が出ている部分の処理でも同じことがいえます。設計図書には釘の始末の指示までは書かれていません。しかし、将来改修工事で天井裏に人が入る場合は、飛び出ている釘で怪我をすることがあるため、事前に切断しておくことが重要です。

より良い仕事とは、建物が使われることや将来のことに、どこまで気を遣いながら取り組むことができるかに尽きるのです。

皆さんがこれから仕事としてかかわる工事には、新築以外に改修もあると思います。その時に、先輩の「目に見えない部分の技術」を見ることもあります。そこで得ることのできる技術を自分の仕事に活かすことはとても大切で、活かそうと努力することこそ、良い仕事につながります。

現場は、納豆の糸のように人と人との摩擦熱で動くもの

現場では、主観的で因習や度胸だけに基づいた作業指示や、先走った不正確情報による作業の手直しなど、立場や体裁保守を忖度した理不尽で不条理な決定、人間のＵＦＯ（Ｕ＝うっかり・Ｆ＝不注意・Ｏ＝横着）によるミスやエラーが、ややもすると起こります。これらからマナー、ルール、予防によりしっかり守られている現場は、コミュニケーションが上手くとれてスムーズに流れていると言えます。

そのことがよく表れていると感じたエッセイ（今井真一「千人坊主」／『建設オピニオン』）の一節を紹介したいと思います。

旨くなれ旨くなれ！
糸を出せ糸を出せ！
まるで千人坊主の綱引きだ！
グルグル
ネバネバ

アーこれ頓念《とんねん》！旨そうじゃのう
美味しく食そうと、よくかき混ぜる
これ、お経も同じじゃ！唱えれば
唱えるほど徳をいただく！
転ずれば世間の仕事も同じ
練れば練るほど議論すればするほど
良い知恵が生まれるもんじゃ！

> 「千人坊主の綱引きだ　エイエイエイ　汗かいた　泡吹いた　腹減った　汗かいた　泡吹いた　腹減ったーなっとー」と納豆をかき混ぜながら口にする歌があるようです。
> 最後の「なっとー」は納豆です。……（中略）……千人坊主の綱引きという言い回しがいい。なるほど、納豆をかき混ぜれば、千人のお坊さんが綱引きしているように見える。美食家、北大路魯山人は「納豆は糸をだすほど旨くなる、手間を惜しまず繰り返すべき」と書いています。

このエッセイを建築現場にたとえると、現場にかかわる人の日常そのものも千人坊主の綱引きのようです。かき混ぜられ、繰り返され、切磋琢磨するから良い流れ（旨味）が生まれます。

ものづくりに求められているのは、良いものをつくるための議論を重ね、技術者として妥協しない信念と、それが互いに影響を与え合う納豆のようなコミュニケーションです。

施工管理技術者としての責任を持ち、業務にあたる

ものづくりの原点は現場にあるといわれます。限られた時間の中で最大限の効果を出して良いものをつくり、建築主に見て、使ってもらうこと。このダイレクトな関係は「現場が営業の最前線」といわれるゆえんです。

ゼネコンの施工管理技術者は、コーディネートや管理が仕事です。具体的には次の内容が主な業務となります。

❶工事計画の立案（施工計画・工程計画）
❷資材発注、サブコンの技能労働者の手配
❸工事現場での工事全体の管理（マネジメント、ＱＣＤＳＥ）
❹設計図を具現化するため現場で施工図を作成
❺ＶＥ（Value Engineering）活動や改善・技術開発の推進

さらに❶～❺の多岐にわたる施工管理を進めるためには、PDCA（Plan＝計画、Do＝実施、Check＝確認、Action＝改善）という4つの管理サイクルを維持して実施し、スパイラルアップすることが重要です。

これらの施工管理は、職人さんたちの仕事を理解した上で進めます。彼らに気持ち良く仕事をしてもらうことが、生産性向上や品質確保、安全確保につながるからです。また、各工事を専門の職人さんたちにお願いする以上、責任は施工管理をしている自分が持つという姿勢が必要です。サブコンと職長を大事にすること、自分の想いを明確に伝え、説得ではなく納得してもらうことが現場に携わる者の心構えと考えます。

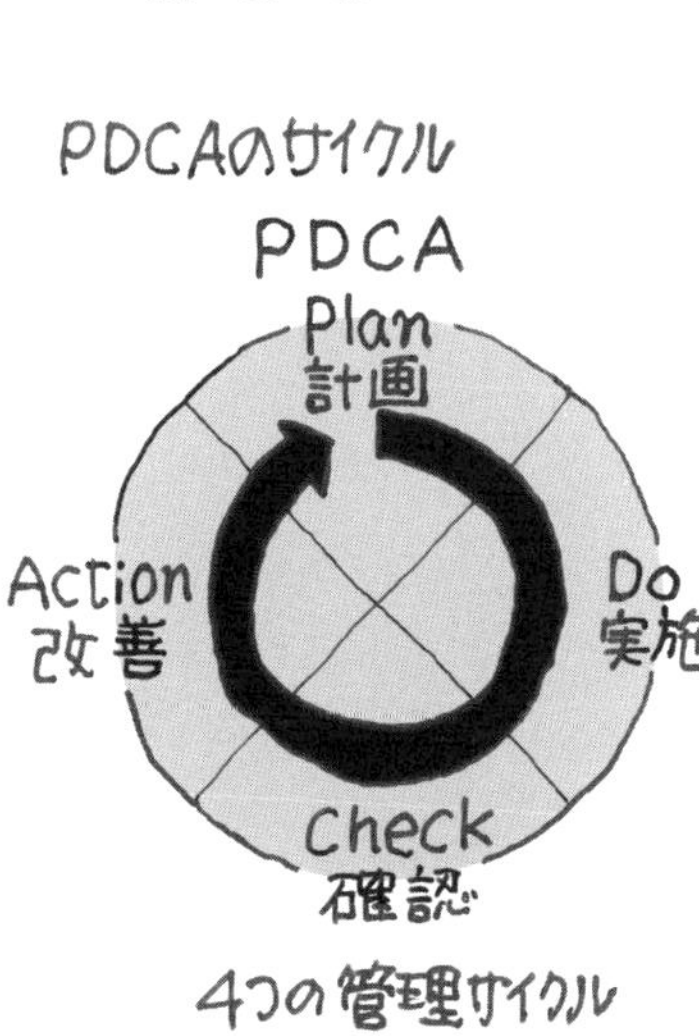

吊り荷の下に入るな
いやいやどうも
御社のビルでは
大変お世話に
なりまして
・・・・
前を通ったついでに
所長の顔が見たくなって・・・
大きな現場ですね
ところでやって頂いた
私のとこのビルが評判
よくてねえ・・・
3年先になるけど
第2ビルも貴方のとこで
是非お願い
したいと・・・
そんなに
営業は
甘くない！
だけど信用の
積み重ねが
大事だ
カゲの声

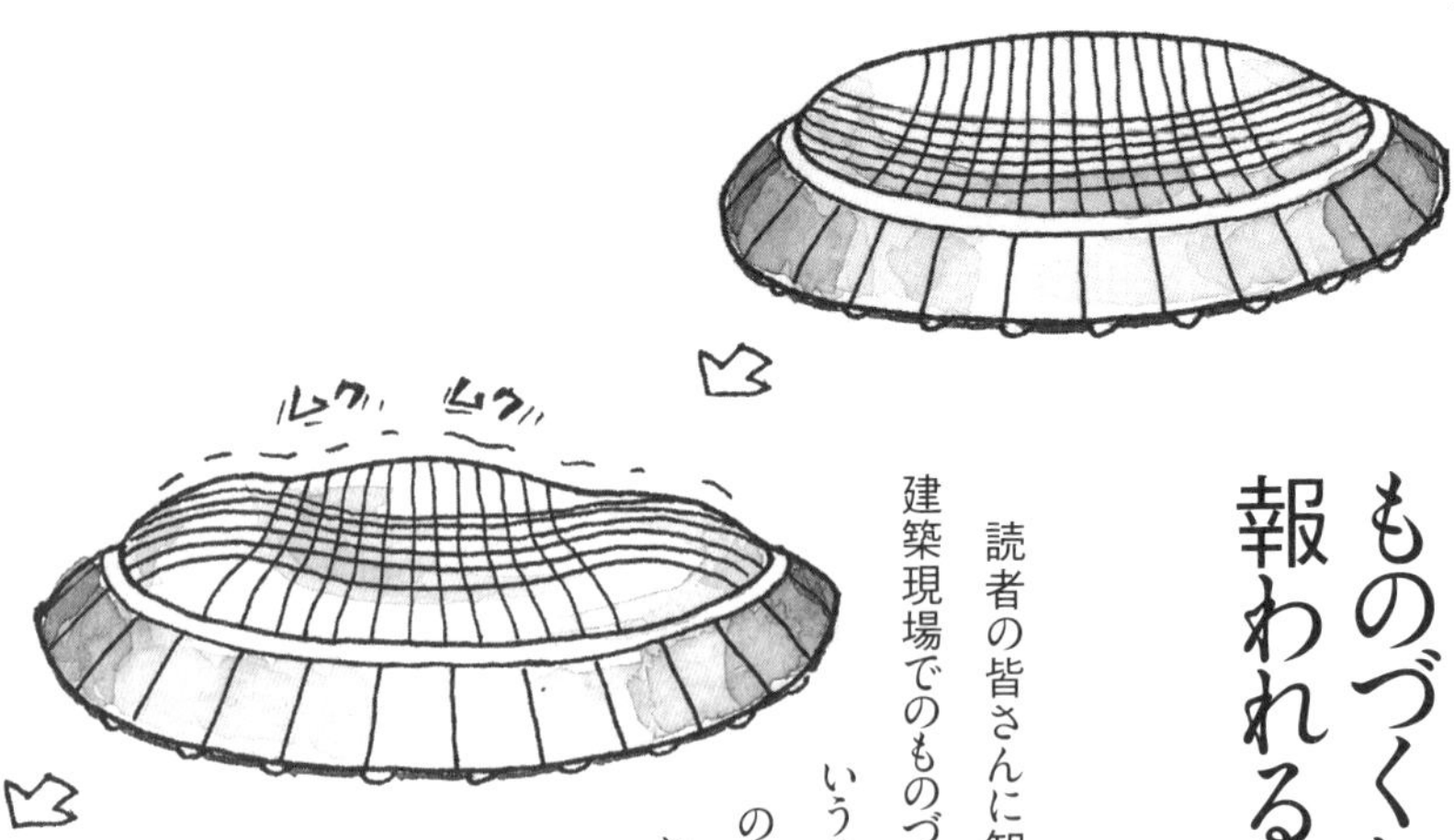

ものづくりの苦労が報われる時

読者の皆さんに知ってもらいたいこと、それは、建築現場でのものづくりには苦労がたくさんあるということです。技術的に難しい建物の施工方法の検討、失敗が許されない一発勝負の作業、予期せぬトラブルへの対応などは、経験を重ねても緊張の連続です。でも、その苦労が大きければ大きいほど、報われた時の達成感は大きいものです。

あたり前だ！ちゃんとやっとる

鍛錬一生・勝負一瞬

入社して14年目の1984年、私は東京ドームの初期の工事計画を担当していました。空気の力で膨らんだ屋根が特徴のドームを皆さんもご存知でしょう。屋根膜を膨らませる施工は当時とても難しく、模型実験でも膜の一部が破損することがあるという結果が出ましたが、私たちは事前に施工の対策をすべて整え、現場のメンバー以外に総勢約80名の応援部隊が加わるなど、万全の体制で施工当日の朝を迎えました。

朝礼の時、総括所長は挨拶の中で「鍛錬一生・勝負一瞬。加藤清正は死して虎の皮を残した。竹中の加藤は膜を残す（当時の総括所長は加藤さんという人でした）」と言われました。私はこの総括所長の決意と名言に憧れたものです。

そしていよいよ、ドームの屋根膜を膨らませる施工が始まりました。これまでの苦労は、インフレート（風船と

ワーワー
ヒャッホーッ!
成功!!
ヤッター
バンザーイ!

同じように空気を入れて屋根を膨らませる）開始のファンのスイッチが運命を決めます。

スタンド部分ができ上がりつつある中で屋根膜が張り上がり、3台のファンのスイッチボタンを押すとインフレートが開始されます。インフレート時には、デフレート（屋根膜が垂れ下がっている状態）からインフレートの途中のストランド（太いワイヤー）の反曲点（垂れ下がっている状態から上に膨らませる状態の時ワイヤーが局部的に折れ曲がる）を緩やかにすることが必要でした。

息をのむ施工でしたが、事前の対策が功を奏して、インフレートは無事成功しました。この時が、現場にいるすべての人間の苦労が報われた瞬間でした。

ここでの教訓は、絶対に失敗が許されない施工のための実験・検証を何回も行うことです。技術者としてのプライドが執念に変わり、万難を排することができました。総括所長の言う「鍛錬一生」は、現場でのものづくりは目に見えない苦労が山のようにあり、これを乗り越えない限り建物はでき上がらない、これは現場の宿命でもあるという意味です。地球上に同じものは1つとして無いものをつくる。これが私たち技術者であり、それ故に逆に喜びも大きいのです。「勝負一瞬」は、まさに送風ファンのスイッチ1つで運命が決まることでした。

「機能」と「デザイン」のバランス

ローマ時代の建築家ウィトルウィウスは「建築は、用（機能）・強（構造）・美（美しさ）を兼ね備えるもの」と『建築書』に記しています。建築とは「使用される作品」であり、「機能」と「デザイン」を融合したものといえるでしょう。

この考え方に通じることが、日本の伝統である茶室の世界にもあります。

茶室への誘いは露地の飛石から始まります。その歩みの速度や方向を決めているのが飛石の配置であり、飛石以外には足を踏み入れることなく茶室まで案内してくれます。それは人の動きを完全にコントロールしていることを意味し、その動きに合わせて周囲にある四季折々の景観を感じられるように仕込まれています。

かつて千利休が茶室の露地をつくるときに語ったとされる言葉は「渡り六分に景四分」。「渡り」は飛石の間隔で「機能」を、「景」はデザインを示しています。機能が「6」でデザインが「4」ということです。建築が実際に「使用される作品」である以上、デザインが機能に勝らないようにという戒めとなっています。機能が7でデザインが3でもなく、機能が4でデザインが6

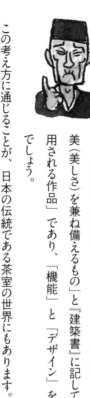

でもダメであり、利休は実に微妙なポイントを突いています。

このように利休は実用性を重んじた考え方でしたが、弟子である古田織部は、逆に「渡り四分に景六分」として景観の美を重んじていました。私は、この考え方は建築の概念には馴染まないと感じています。

現代の建築業界においても、デザインが優先的になることはままありますが、建築は機能が成り立ってこそだと思います。施工者もこのバランスを考えて品質確保に努めなければなりません。

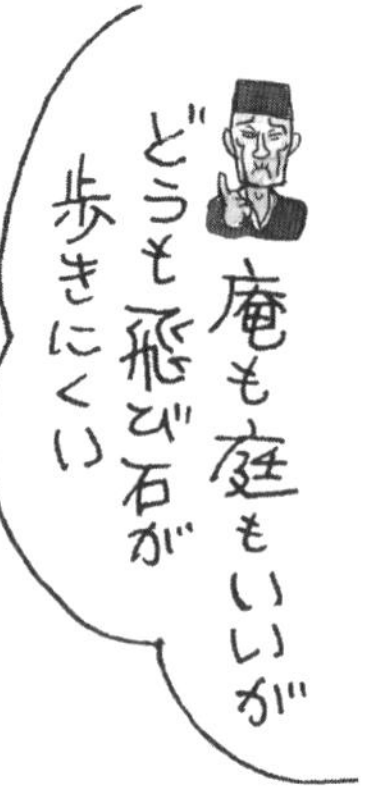
庵も庭もいいが
どうも飛び石が
歩きにくい

庵魂
オッとっとっ
ケンケン

「ものづくりの心」が分かる本

小川三夫『棟梁　技を伝え、人を育てる』（文藝春秋、2008）

この本は、「法隆寺最後の宮大工」といわれた故西岡常一棟梁の一番弟子であり、多くの弟子を育てた小川三夫棟梁の言葉を一冊にまとめた名著です。そこには、棟梁という仕事をとおして培われたものづくりの心、弟子への真摯なまなざしが綴られています。

私は、宮大工の世界にはゼネコン社員の育成にも通じるものがたくさんあると感銘を受けました。棟梁という言葉をゼネコンの作業所長と置き換えてもおかしくありません。

ここで、施工管理の仕事に携わってきた私が小川棟梁の言葉をどう感じたか、少しだけ紹介したいと思います。建設業に限ったことではありませんし、感じ方は個人によって変わってくるとは思いますが、少なくとも私は小川棟梁の言葉に共感し励まされ、仕事を乗り越えてきました。これから仕事に就く読者の皆さんにも、いずれこれらの言葉が心に残るタイミングが訪れるかもしれません。

棟梁としての役目は、幾つかの業種の職人達に上手に、気持ちよく仕事をやってもらうことや。それと、依頼して下さる施主さんに満足してもらうことだな。

（これは作業所長のみならず施工管理技術者においても同じことがいえます。現場では、日頃から技能労働者の仕事がしやすくなるよう環境整備や工程管理を行うことが必要で、ひいてはそのことが建物の品質向上や顧客満足度につながることを意味しています）

図面というものは見ててもだめなんだ。図面は読むもんや。

（若い人たちは、デジタルで空間のイメージをつかむことが上手ですが、2次元の図面を読み取る力が不足している傾向にあります。自分の手でスケッチを描くことで、自分が考えていること・伝えたいことを理解する訓練が必要です）

大きな建物は一人ではできん。大勢の力ではじめて建て上がるんや。一緒に仕事していくには、やさしさと思いやりがないと無理や。

（現場でも、設計者や施工管理技術者、職人など仕事にかかわる皆がお互いをリスペクトし、心配りと協業していく気持ちがあれば自ずと信頼関係ができます）

俺は「真摯な、そして確実な建物を建てること。
それが唯一、弟子を育てる手段」やと思っているんだ。

（設計図書に基づき誠意をもって工事を成し遂げる姿を上司が見せれば、部下は上司の仕事ぶりを見て、倣うものです）

本物はいつの世でも変わりなく人の心を打つもんだと思う。

（一流の建築は、時を重ねても古さを感じさせないどころか、デザインや完成度の高さがうかがえて感動します）

棟梁はみんなより広く、先を見なくちゃなんねえんだ。それができるのは、やっぱり
自分で図面が描けたというのが一番大きかったな。

オイ！
いつまで見とる
オマエ
よっぽど塔が
好きなんだ
なあ
バスが待っとる
置いて行かれるぞ
近くで見ても
遠くで見ても

素晴らしい
ボクは宮大工に
なって
今にあんな塔を
建てるんだ
キッと
今も昔も「志」に変わりなし

（自分が現場を動かす立場だった時に頭の中で次の段取りを立てることができたのは、図面を読み取る力が、描くことで養われていたからだと思います）

解体修理に当たった工人達が、昭和や平成の工人をどう見るかや。
俺はそういう人達と話のできる仕事をしておこうと思ってるんだ。

（リニューアルや改修工事で先人の仕事を見ることがあります。仕上り面から解体していくと、それまでの仕事の出来栄えが分かります。丁寧な仕事をすることが、今後の戒めにもつながります）

親方に怒られて十年。この十年で基礎を学ぶんだ。次の十年は世の中を知り、
他の職人を知り、自らに気づくんだ。この間も怒られ、叱られ、文句を言われながら
自分を磨くんだ。

（新人は、仕事を覚えることから始まります。そのうち部下や作業員との責任ある仕事も任されるようになりますが、そうなるまでには失敗も多く経験するでしょう。私も経験がありますが、叱ってくれる人がいて仕事を覚え、自分の中で体系付けられるものです）

俺が建物を自信を持って造れるのは、でき上がる建物を空中に描けるからや。

（これも図面を描いてきた人のみが言えることで、いかに図面力が重要であるかが分かります。頭の中で3次元の空間が描けないと全体が見えません）

人間にも社会にも言えることや。芯を決めて使うというのがなくなった。面のいいやつだけ集める。同じ規格を集める。これでは癖のあるやつがはじかれる。癖を生かしてやれば、強くおもしろい物ができるのに、そういうのは捨ててしまうんだな。

（どんなに肩書きが立派でも、それだけで良いものはできません。人間にはいろいろな性格がありますが、似た者同士ではなく、個性の強い人をどう組み合わせるかがマネジメントの面白さでもあります。組合せによっては、仕事において良い結果が生まれることがあります）

地下工法
・切梁工法・バックアンカー工法
・逆打ち工法
あーでもないこーでもない…

鉄骨建方
最上階
鉄骨は背面から
別の機械を持って来た
方がいいかなア？、
あーしてこーして
アレ！アタマが
こんがらがって来た

グッとくる先達の言葉

「規矩作法守りつくして破るとも離るるとも本を忘るな」という千利休の言葉があります。

一般的には、この言葉から3文字取って「守・破・離」といいます。これは、伝統を踏まえながら常に新しい世界を創造しようとも、根源の精神は忘れてはいけない、という意味です。

例えば習い事（茶道・華道・書道など）では師匠の真似から入れと言われます。つまり、型を真似ることです（守）。基本を身に付けて、今度はそこから応用し（破）、最後は新しい流儀を見出すこと（離）をいいます。歌舞伎役者の故十八代目中村勘三郎は、「型を身に付けなければ型破りにはなれない」と言われました。基本ができていないと革新的なことはできないということです。彼は、２００７年の「平成中村座ニューヨーク公演」で初めて英語のセリフに挑戦し、コスチュームを視覚的に変えて綺麗な立回りをし、三味線をバンジョーに変えるといった、まさに型破りの歌舞伎をつくり上げました。千利休のいう「守・破・離」を実践したのではないでしょうか。

技術者も同じことがいえます。まずは上司のマネ（型）から仕事を学びます。ベーシックな基本技術をしっかり身に付ければ、応用が利きます。そうすればさらに発展させて、オリジナルで革新的な技術や管理手法・マネジメントに発展させることができ、一人前の技術者になれます。

型を身につけ
なければ「型破り」
にはなれない！と
故勘三郎さんが
おっしゃっていました
「ものづくり」も
「芸事・習い事」も
共通するところが
あり、どちらも
やっぱり 基本が一番！
黒子
チョン
チョン
チョーン
中村座

竣工のあとの複雑な気持ち

現場では、地鎮祭（起工式・安全祈願祭）が終わると工事がスタートし、基礎工事や地下躯体工事、地上の躯体工事が終わると上棟を迎えます。上棟式は工程の大きな節目として建物の全貌が見えてくるため、ようやくここまでたどり着いたかという感慨があります。

その後、仕上げや設備工事が進捗し、竣工が近付きます。この段階になると、内部空間の仕上げ工事で泥を持ち込まないよう上履きに履き替えて仕事します。設備工事は試運転調整がメインとなり、各種検査が行われます。完成を目前に心が躍りますが、最後の残工事を事細かにチェックして、駄目（修正必要箇所）をなくしていきます。

そしていよいよ竣工式を迎えます。昨日まで、土足厳禁でピカピカだった建物に、当日は建築主や関係者の皆さんが入ってくるわけです。当然といえば当然ですが、苦労した現場が無事完成した安堵感、晴れがましい式典、自分のものでなくなる寂しさがない交ぜになった気持ちになり、なんとなく娘を嫁にやる感じに似ています。これは現場にかかわってみると分か

シズシズ
竣工したー！
2年半やれながら
よく頑張った
姉を嫁に出した
オヤジの心境
分かるなぁ！

竣工!
○○ビル竣工式会場
サッ どうぞ こちらへ
おめでとう ゴザイマス

ることです。

引渡しが終わると、それまでは自分の仕事場だった場所は気軽に入ることができません。入場許可を得て入ることになります。でも、自分にはまた次の現場が控えていると思うと気持ちが晴れやかになり、ワクワク感が宿ります。不思議な仕事だとつくづく思います。これが現場です。

第5章
変わる建設会社

AI（人工知能）で建設会社はどう変わる？

AIは、大量のデータに対し、その学習に必要なアルゴリズム（論理や手順など）による分析を行い、従来人間ではできなかった判断や圧倒的な時間短縮を可能にします。しかし、その判断に基づく実行内容は最終的に人間が決定します。

例えば、非常に複雑な構造計算や環境負荷のシミュレーションにおいては、従来は経験則も踏まえたある仮定条件で検討対象を絞り込み、複数案で計算を行って答えを出す手順が一般的でした。しかし、AIの世界では、一度、その答えを導くアルゴリズムと素材となる大量の元データを学習させてしま

カレの仕事はチェックだ

えば、考えられるすべての組合せを計算させて短時間で最適解を導き出すことが可能となります。その導かれた答えをそのまま採用するかどうかは人間の判断です。

一方、比較的単純なのは、画像認識のＡＩ技術です。大量の検査写真から不良箇所を瞬時に見付け出したりすることが可能になってきています。画像そのもののデータ処理技術の向上もあり、建設プロセスにおけるエビデンスの残し方は大きく変わってくると思われます。特にドローンや３６０度カメラの普及などにより、数年後には建設現場での検査風景が大きく変わるでしょう。

現在、竣工後の設備におけるビル管理システムや、現場の入退場管理の顔認証システムが広く展開され始めています。施工計画の作成や施工管理業務のデータ計測、収集、整理、分析およびその結果に基づく検討、その結果の資料作成にもＡＩが実用化され、大幅な効率化が図られることでしょう。

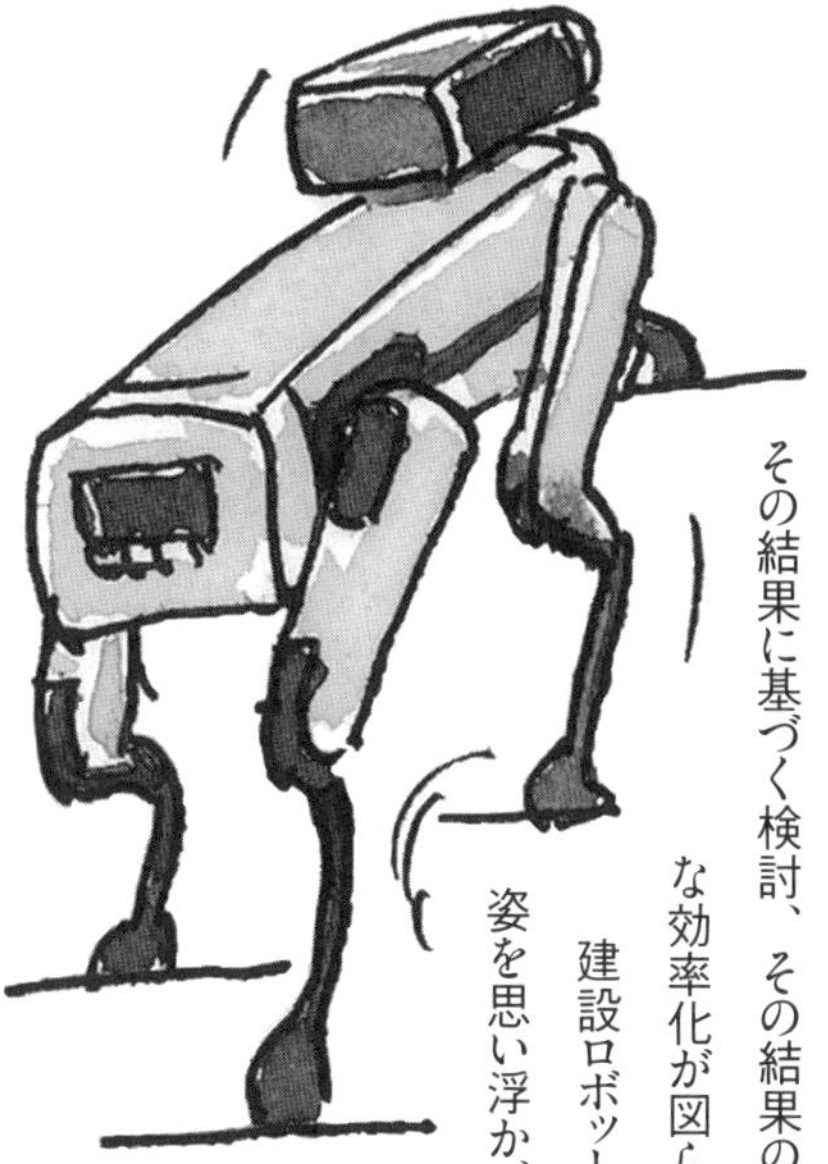

建設ロボットといえば、人型ロボットが作業を行う姿を思い浮かべる人も多いかもしれませんが、今後は、自律動作が可能なロボットと、人間が操縦する高度な建設機械が適材適所で使われるようになってきます。ロボットには、ドローンのような検査型のもの、運搬を担うようなロジ

スティクスサービス型のもの、溶接などの特殊技術を行うロボットなどが挙げられます。これらロボットにAI（自己位置の画像認識技術）やIoTセンサーを搭載することで、計画に基づいた動きや現地状況を判断して対応する動きもできる技術が確立されています。さらに、5Gなどの高度な通信技術と組み合わせ、遠隔地から現地の機械を動かす技術も開発されています。

今後は、AIやロボットが担う部分と人が行う判断業務を明確にすることが大事となります。そして、人は創造的な仕事に集中することで、労働時間を短縮しながらも質の高い業務が可能になります。

ものづくりは、最終的には人の技能や想いに依存します。AIはデータサイエンスの世界であり、BIMやICTもしょせん道具です。人にはAIが持っていない感情があり、クリエイティビティやイマジネーションがあります。道具を使うことが目的ではなく、使うことにより成果を挙げ、魅力的な業界になることが目的となります。

仕事における生産性向上のテーマと撤退のマネジメント

仕事の生産性を向上させることは、ものづくりにかかわる者として永遠の課題です。建設業界の就労人口が減少していく中で仕事量が大きく変わらないとすれば、いかに少人数で生産性を高めるかが最大の課題となります。人や組織は、ものづくりの生産性を向上させること、作業の生産性を向上させることを追求しています。ＢＩＭ・ＩＣＴ・ロボットは道具であり、生産性を向上させる支援にはなりますが、一番大切なことは「人が建物をつくる」ことです。働く人のモチベーションを向上させることが生産性に大きく役立ちます。

ここで生産性を向上させるマネジメントについて考えます。そのマネジメントを「人をとおして生産性を向上させること」とすると、大きく４つのテーマがあります。

❶ 効率性　より少ない人・物・金・時間でいかに多くの成果を生み出すか。

❷ 競争性　お客様から選ばれる魅力をいかにつくるか。

❸ 人間性　ともに働く人の自己尊重心をいかに大切にするか、働きがいをいかに生み出すか。

❹ 社会性　ＣＳＲに留まらず、地球環境やサスティナブルに関して、いかに本業で取り組むか。

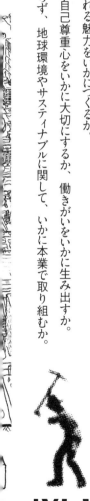

これらの課題に向けて現在、ゼネコンは生産性向上の努力をしています。

これを氷山モデルにたとえるならば、生産性向上の4つのテーマと働き方改革の4つの方向性（新規・強化・維持・撤退）は、水面より上のまさに「氷山の一角」です。実は水面下にある「組織・人の根底にあるパラダイム」を変革する必要性もあります。そこには大きくは3つの課題があります。

❶ 今後、変えなければならないものと変えてはならないものを明確化する。

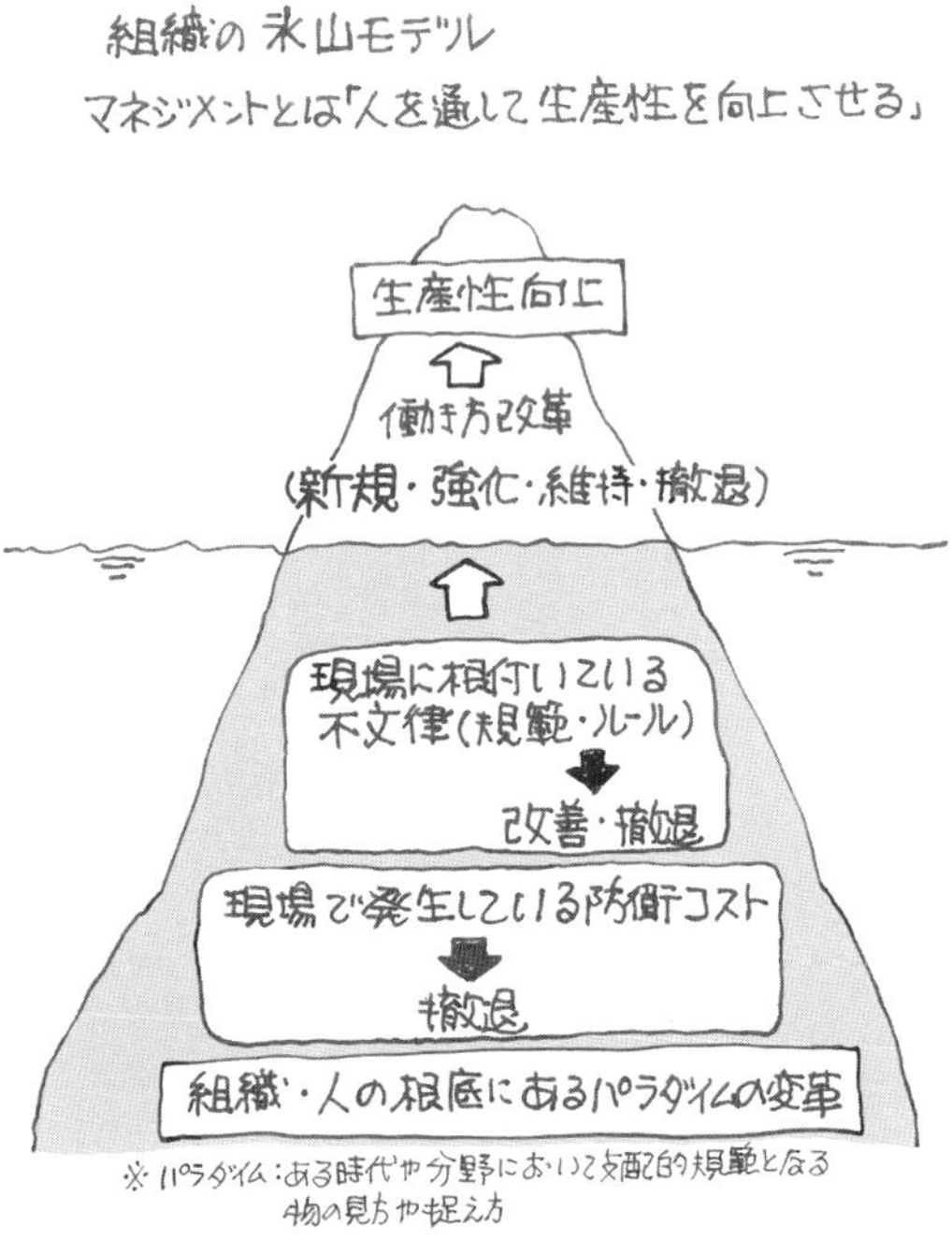

グラフにしたら一目瞭然だ この月の数量突出は何を意味する？
パン パン パン パン
つまり気をつけろ！と、いうコトだ

❷実際の規範（不文律）を洗い出し、その変革のためのマネジメントアプローチを学習する。
❸時間・労力を洗い出し、コスト削減・改善・撤退について検討する。

そして、3つの「パラダイム変革」を実施することを「撤退のマネジメント」といいます。これは積極的に実施することが重要です。新しいことを始めるには何かをやめるなど（撤退）しなければ業務は増える一方であり、これでは生産性向上は見込めません。「撤退のマネジメント」を真剣に考える時期にきていると考えています。

魅力ある建設業とは

建設業は、私たちの国を支える重要な基幹産業であり、これからの時代においてもその使命を果たしていかなければなりません。しかし、残念ながら担い手になることを希望する人が減少しているというのが現状です。建設業界に進もうと考えている学生の皆さんを惹きつける魅力が必要となっています。どうすればよいのか？　それにはまず、これまでの建設業界が魅力をなくしている主な要因を挙げてみましょう。

❶ 労働時間が長く、旧態依然としている（全産業平均の約1.2倍）。

あの建物のキラキラしたきれいな壁はお父さんが取付けたんだぞ！
どうだ！スゴいだろう！
今度の休みはバーベキューに行こう
お父さんスゴーイ!!

慣例的に土曜と祝日は休日でないことや、雨天やお客様ニーズによる短工期ゆえ休日出勤が必要となっている（担当によっては業務量そのものが多く、所定時間ではこなせないことがある）。

❷賃金相場や福利厚生制度が比較的良いとはいえない（２０００年以降、他産業との格差は縮小してはいる）。

❸高所作業など危険な作業がある。

❹屋外作業において、夏は暑く冬は寒いという厳しい職場環境である。

❺社会的評価、やりがいを感じる機会が少ないこと。苦労が見えづらい。

❻現場では、ニュースで報じられるような大事故が起こることがある。

いままではこういった状況も（あってはならないことですが）普通にありました。しかしこれからは建設業界も変わりつつあります。適正な工期の確保や作業の平準化の推進、技術者配置の合理化が必要です。建設キャリアアップシステムの本格運用における登録促進も、可能な限りすべての技能労働者に行き渡るように取り組まなければなりません。そうすることで、技能労働者にとって能力の評価がされやすくなると期待されているからです。また、労働環境（週休2日の取得・社会保険加入）の改善や賃金の向上はもとより、すべてにおいてベースとなるのが現場の生産性向上です。

２０２０年10月の改正建設業法による「著しく短い工期での契約の禁止」や２０２４年４月からの改正労働基準法による「時間外労働時間の上限規制」が、これからの建設業界や働き方

を大きく改善させることでしょう。

ものづくりは元来、魅力ある仕事です。これまでのマイナスイメージを改善することができれば、魅力あふれる産業になると確信しています。

建設会社を担う人材

私は、建設会社を担う人材は、次のバイタリティにあふれる人が望ましいと考えています。

◉ビジョンを持っていること。
◉情熱があること。
◉論理的に問題解決能力を有していること。
◉人間的な魅力があること。
◉タフで元気があること。

そして、仕事においてこのような向き合い方ができている人は、具体的に次の「3つの汗」と「5つのワーク」を備えていることが多く、明るい将来が期待できます。日頃から心掛けておくとよいでしょう。

難しい仕事だが設計者の情熱が、すごく伝わる
スグ行動だ
挿絵は冷や汗もんだ!
いいヒントもあったが、これまでの現場のデータがこれほど役立つとは・・・・

◀心の汗
▲体の汗
◀頭の汗

▲体の汗

【仕事において人間がかく汗】
体の汗◉率先して自分が汗をかく＝動く。
心の汗◉仕事を理解し人を思いやる気持ちを持つ。
頭の汗◉困難を克服するために考え抜く。汗をかいて知恵を絞る。

【仕事において必要なワーク】
ハートワーク◉情熱を持って仕事に打ち込める人
フットワーク◉抜群な行動力がある人
ハードワーク◉よく働く人
ヘッドワーク◉知恵ある仕事をこなす人
ネットワーク◉人脈形成のできる人

私は、これまでの自分の経験から20代の「体験」が仕事の基礎をつくり、30代の「実践」が人生を決めると考えています。人間には「頑張り時」があり、そのチャンスを逃がさないことが大事です。基本姿勢は素直に誰からでも学ぼうとする姿勢であり、その中から自分の信念を体系化していくことができれば、会社にとっても、人としても、かけがえのない存在になれるでしょう。

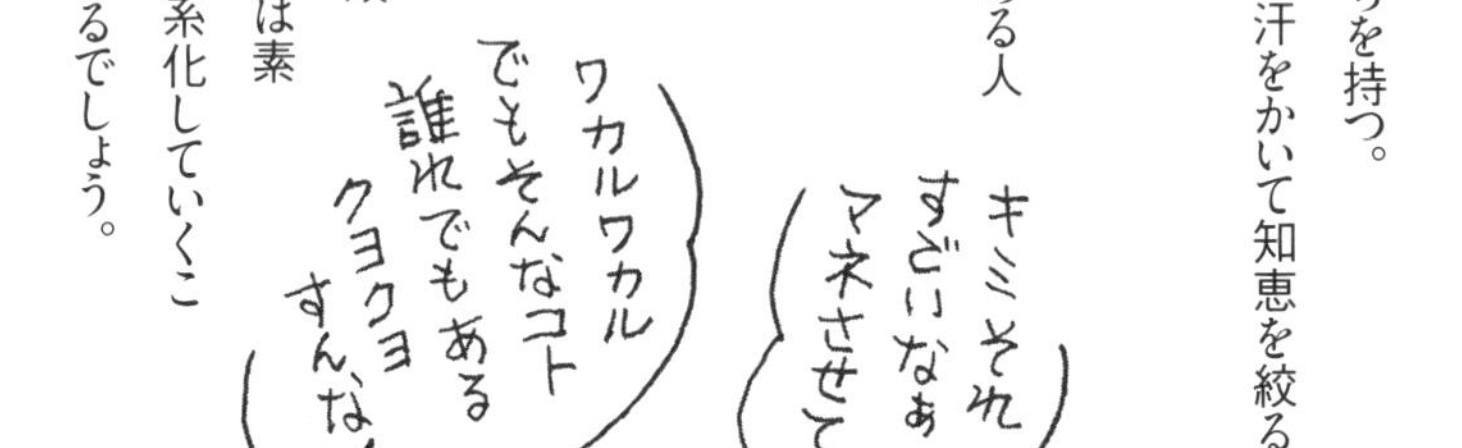
どうぞどうぞ
ポンポン
いやありがとうございます

▲心の汗

建設会社の将来性をどこで見るか

皆さんは就職を考える時、建設会社のホームページや就職ガイドなどを参考にされていると思います。そこには各社の概要が紹介されています。たくさんあって目移りするかもしれませんが、見てほしいポイントは、次の3点です。

◉ 社長であるトップの志やビジョン、情熱が感じられるか
◉ 時代の変化に対応した方向性を打ち出している会社か
◉ 建築のデザインや機能の方向性が時代のニーズに合っているか

弊社は……で「悔いのない仕事 血の通った 生きた仕事」こういった心を大事に……
気が早いですよ！試験がありますからネ！
感動しました 私、決めました！

企業の将来性を考えると、規模の大小や現状の実績だけで測れないものです。また、会社説明会での一言が自分自身にインパクトを与えることがあるかもしれません。共鳴し印象に残った言葉や説明態度に、自分自身が納得できることもあるのです。

そして、見た目の数字や業績もさることながら、職場が「活き活きしている」ことも重要です。ただし、これについては実際に会社の業務を通じて接してみないと分かりません。希望する会社に就職している先輩にヒアリングしてみるのもよいでしょう。

私は、就職前に霞が関ビルディングの建設を描いた映画『超高層のあけぼの』（菊島隆三原作、関川秀雄監督、１９６９年）を観て超高層建築に憧れを持ち、就職するならこんなプロジェクトにかかわることのできる会社に入りたいと思っていました。しかし、ある建設会社の会社案内の中に「悔いのない仕事」「血の通った生きた仕事」というキーワードを見つけ、何かしら仕事に対するマインドが自分の心に迫ってきました。悔いのない、血の通った生きた仕事とは何だろう、自分もそう思える仕事に出合ってみたいと考え、目指す会社を決めたことを思い出します。そして、入社２年目の年末に念願叶って憧れの超高層ビルを担当することができました。これは、常に自己申告してきたおかげでした。

人材（人財）を育て、価値をつくる

ゼネコンでは、メーカーと違い不動産などの固定資産は少なく、建物づくり（ものづくり）という観点から知識と経験を持った「人材」が財産です。「人財」とは、企業にとって人材の大切さを認識し位置付けた表現です。

どんな人も生まれ育つように、人材（人財）も技術や知識を習得しながら育ちます。入社当初は仕事が分からなくても、研修期間を終えて各部署に配属され経験を積む期間、企業は給料を支払います。これは、企業から見れば時間をかけた「投資」です。投資をして、強い力を発揮させることで「ものづくり」という大きな価値を生み出し、企業に利益として返ってくる。見どころのある人材（人財）は、鍛えてこそ企業に貢献できるようになります。

「適材適所」という言葉があります。その意味は、木材の使い分けが語源となります。つまり、北で育った材木は北に使い、南で育った木材は南に使うというものです。これは、環境に順応した場所で木材を使う、狂いを生じさせないための知恵です。

企業は人に支えられ、人で成り立っています。社員のモチベーションをいかに高め、生きがいとして働いてもらえるかを、ゼネコンは常に真剣に考えています。

エーッ 今から 人事部より 新入社員各人の 配属部署を 発表します すべて 適材適所 です
営業部だー ぞんぶんに やるわよー
設備部だ これからは 何ったって セツビの時代だ!
開発計画だ 何するんだ ろう
しばらくしたら どれだけ 重要な部署か 分かるよ
設計部 ウレシイ!
現場だ!! よかったー! ヤルゾ!
現場だー …… 設計行き たかったなー
見積だ~ でも算数強いボクには 向いている! 建築積算士 めざそう
グッ
当りぃ! 現場だ でも高いとこ 上るのかなあ ??
営業か? 自信ないなー

暗黙知から継承する現場管理の心得

作業所長は、これまでの現場経験で得た教訓が体に染みついています。例えば、災害による安全に気を配ることはもちろん、気候にも現場の工事が左右されることを知っています。教訓の内容は現場ごとにありますが、私が若い頃に言われた、いくつかの心得を紹介します。まさに暗黙知（経験値）による大切な知識です。

★雨の時に現地を見て回れ！

土工事や躯体工事など、どの段階の作業でも雨は絶好の「散水試験」です。どこに水が流れるのか。シール前はどこから水が入り、溜まるのか。晴れの日では確認できないことが一目瞭然となります。まずは台風から建物を守るため防水対策を行いますが、水が溜まらないようにするにはどこに注意すべきかが分かります。雨が降る時だからこそ、そのチャン

異状ないか？

ポタポタ
やや。スラブのクラックから水漏れ？必要以上の荷重がかかったか？

スは逃さないことです。

★水回りのある部屋を先行施工！

水を使う部屋は、防水工事を含めて設備工事と左官工事、タイル工事、石工事などの異業種が混在します。比較的狭い場所で行う工程が多いことから、個別に詳細工程を作成し、他の部屋より先行施工を心掛けることが重要です。昔は「便所の仕事を見れば全体が良くできているかが分かる」と言われました（狭い部屋の真物のタイル割、石割目地、設備器具の設置がきれいに合っていることで、丁寧な仕事かどうかが分かるものです）。

★階段を先行で早期に仕上げろ！

本設部材を仮設に利用することは安全上、生産性向上において非常に有効です。その際の注意事項は、本設の仕上がった部分の損傷防止養生費用と、先行で仕

上げる効果のバランスです。早期に取付けをすればメリットがあることが多く、特に階段に関しては本設手すりを先行で取り付けることにより、仮設材工の低減、作業項目低減、安全性の向上となり、さらに、床モルタルを早期に施工することで、技能労働者の通行の多い階段が常に安全にきれいに保たれます。

★神棚の榊をきらすな！

榊を神棚に供えることは、現場で無事故無災害を願うための大切な心得です。

（１）現場では、いくら災害が起きないように願っても、どうにもならないことがあります。「人事を尽くして天命を待つ」という、最善を尽くして手を合わせる覚悟が必要です。

（２）植物が常に生きているように、現場も変化しています。日々榊の水を替えて世話を怠らず、少しの変化も見落とさない繊細な配慮が必要です。その心構えは、現場での日々の注意につながります。

（3）無機質な材料で仕事をする建築現場でも、生命力のある植物に四季を感じる、豊かな心が必要です。

（4）多忙な毎日でも、朝、仕事の開始時にこれまでと今日の安全を祈る静かなひとときと、終業時の無事に過ごせた一日に感謝の心を持つ余裕が大切です。

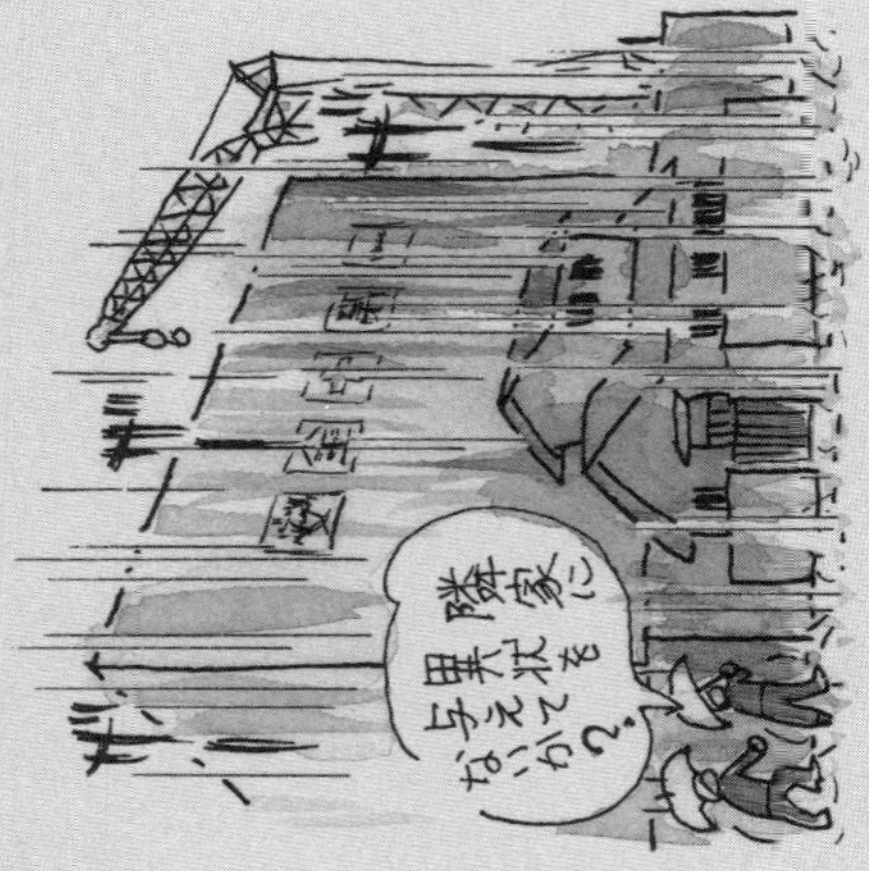

第6章 建設会社 根ほり葉ほり

これからの休日出勤、時間外労働はどうなりますか？

2015年頃から、建設業の生産性向上を目指し、魅力ある建設現場にするための国家的レベルでの働き方改革が始まりました。政・官・財を挙げて4週8閉所（週休2日制）に取り組み、建築主をはじめ多くの関係者の理解を得ながら徐々に休日の取得が進みつつあります。残業が多いことも大きな悩みでしたが、いよいよ法令により残業時間に上限が設けられることになりました。

これらをバックアップする社会制度として、国土交通省は「著しく短い工期での請負契約の禁止」を掲げた改正建設業法を2020年10月に、また厚生労働省は「法定時間外労働上限規制」を掲げた改正労働基準法を2024年4月に建設業に適用するとしました。

著しく短い工期の禁止

従来は、発注者の求める竣工日に合わせて、受注者が工事を請け負うことが日本の慣例となっており、時には突貫工事というものもありました。しかし、改正建設業法は、受・発注者が対等の立場に立って「適正な工期を確保する」ことを趣旨としています。中央建設業審議会作成の「工期に関する基準」では、建設業の担い手一人ひとりが週休2日（4週8休）を確保できることが盛り込まれ、4週8閉所への取組みも有効な手段として紹介されています。

法定時間外労働の上限規制

多くの現場において、サブコンの技能労働者は8時の朝礼から始業し、17時には終業する日常サイクルで働いています。しかし、ゼネコン社員は、単品受注生産特有の「一つひとつのもの決め」をしなければならない宿命があり、図面管理、発注管理、施工計画・管理、安全・品質等の記録類整備など、多くのデスクワークを要しています。これ

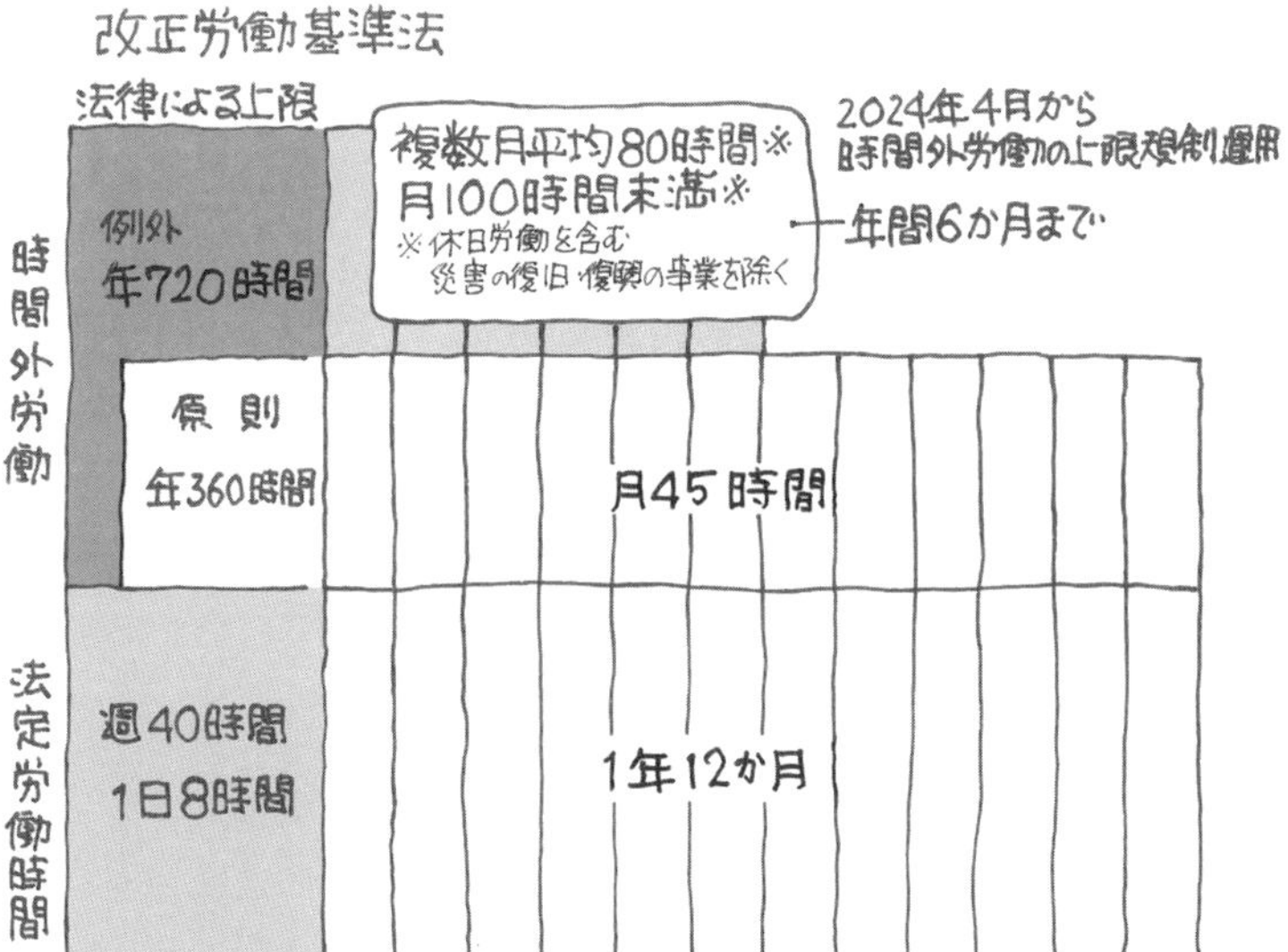

引用：日建連「週休二日がつくる建設業の未来」パンフレットより

らを処理するために早出・残業を余儀なくされており、そのことが他産業に比べて労働時間が多い原因となっています。

改正労働基準法では、ここにメスを入れました。時間外労働の上限は、原則として月45時間、年360時間です。特例として、臨時的な特別な事情がある場合で労使が合意する場合でも（労働基準法第36条で定められており、サブロク協定と呼ばれています）年720時間、単月100時間未満（休日労働を含む）、2～6か月平均80時間以内とすることを遵守しなければなりません。これを遵守しない場合は罰則を受けることになります。

このように、国のルールまで変えて建設業の働き方を変革する動きは、長い歴史の中でも画期的と言うことができます。週に2日の休みが取れるようになり、残業の多い業界というレッテルを剥がすことができる極めて効果的な活動が、いままさに進行しています。

新卒採用の年齢枠や採用試験の内容を知りたい

新卒採用時の年齢は、最終学歴の卒業年齢です。したがって、年齢が現役合格者と違っていることは問題ありません。採用試験では、むしろ何に興味を持ち、何を身に付けたかなど、能力や資格（建築以外）、資質などが主な着目点といえます。

採用試験は会社によってさまざまです。いまはウェブテストも多いですが、一般的に書類審査、適性調査、筆記試験、面接試験などを行います。

書類審査では、経歴や専攻科目、趣味や特技などに着目します。また簡単な論文、志望動機から質問し意志を確認します。

適性調査では、第三者的な評価法で性格や思考傾向、得意・不得意など職業との相性を判断する目安とします。

筆記試験では、建築の専門領域ではなく、社会人としての一般常識程度を確認する場合があります。

面接試験では、グループ面接・個人面接はもちろん、研究しているテーマを事前にペーパー1枚にまとめて、プレゼンテーションを行う場合もあります。主張説明や質疑応答、またはグループディスカッションの中から、書類審査や適性調査をその人と照合し、欲しい人材の選考と、職業や企業とのミスマッチを回避する判断を行います。

……卒業設計は何故あのテーマを？
部活などはどんなコトを？
趣味・特技
ハイ！……です
ハイ！……です
ハイ！……かと思います
ハッハイ！それは……ではないかと考えております

希望されました？
他にもあるのに…
どんな部署を
希望されますか？
筆記試験の時の
論文をここで
読んで下さいますか？
ハキハキして
元気がいいね！
…
ドキドキ
ちゃんと
答えられて
いるかな？
…
ガンバレ!! 自分

　学生の皆さんにとって、知らない人たちの中で受ける試験は緊張するでしょう。しかし、採用する会社側も必死です。試験で初めて出会う皆さんが会社の未来を託せる人材か、一緒に仕事をしていける人かを大勢の中から見つけていくわけですから。面接試験は、自分の想いが伝わる重要な時です。饒舌に話す必要はありません。深呼吸して、あせらず自分の言葉で元気良く想いを伝えてください。

ゼネコンが求める学生の基本要件

❶建築の仕事が好きで、前向きな意欲が感じられる人材
❷高い目標を持ち、主体性を持って課題解決に取り組める人材
❸精神的にタフな人材
❹自らキャリアデザイン、自己啓発において意欲のある人材
❺社員として相応しいモラルを持っている人材
❻国際化社会に対応できる語学力を持ち、異文化に対して柔軟な人材

建築技術系の求められる要件

❶明朗闊達であり、行動力がある人材
❷論理的な説明ができ、説得力がある人材

❸あらゆる変化に対して柔軟に対応できる人材

❹構造力学のベースがある人材

❺ロジカルな思考だけではなく、ひらめきや直感も大切にする人材

女性技術者が働きやすい環境づくり

建設業は力仕事のイメージがあるせいか、「男の職場」という傾向が強くありました。しかし、昨今は男女機会均等、ダイバーシティ、女性活躍を重視する社会状況により考え方が柔軟になり、男女ともに子育てしながらでも働ける環境整備を積極的に推進しています。短時間勤務や育児フレックスの社内制度が徐々にですが各社で整備され、それを活用し職場内の上司、同僚との協力体制をつくりながら、育児と業務のバランスを取り、活躍できる勤務形態を整えています。

以前、日本建築学会主催で、ゼネコン各社に勤める女性の現場監督10名と「魅力ある建設業界にするためには」というテーマで建築施工系女性技術者座談会を行ったことがあります。座談会を開催する前の彼女たちへのアンケートでは、いまは現場監督として活躍していても、実際に将来、結婚や子育てなどで環境が変わる時の社内制度を知りたい、

また、日常の仕事の悩みや情報を共有できる場があると励みになるという声が多くありました。社会は変わってきていますが、前例のあるケースばかりではないのです。同じ立場で仕事をしている者同士の拠り所として、もっとつながりが必要なのだろうと感じました。そんななか、開かれた座談会は、和やかでありながらも積極的な意見が交わされました。

日常の彼女たちは、忙しい時は帰宅が遅いこともあり化粧も落とさず寝てしまうことがあったそうですが、体力の差があっても男性と同じ工事分担でものづくりのやりがいを見出して仕事をしていました。また、きめ細かで確実に業務をこなす丁寧さがあるため、検査業務に従事する場合も多いそうです。

しかし、悩ましいという声が多かったのは、やはり結婚した後、それまでと同じように働ける人と

ワタシも孫守りの優遇して貰おうかしら

今日の作業は
北側BC間が
危険だから
気をつけて！
終ったら報告
して下さい
確認します

【現場指示】

そうではない人に分かれることでした。さまざまな状況や事情があると思いますが、夫の理解があり、共働きができる間は問題ありません。でも、そうでなければ、同じように働くことは難しくなります。その場合は考え方を柔軟に切り替え、現場監督の仕事ではないけれど、現場事務所の中で比較的時間に縛られない工務的な業務につき、勤務時間内で帰宅できるように配置換えして仕事を続けたというケースもありました。また、妊娠や出産があると育児休暇等

で一定期間休業し、再復帰する場合もあります。

現場監督の仕事は厳しいですが、働く環境が変わってきたことで、最近は女性の作業所長や副所長が増えてきました。

この意見交換によって彼女たちにも、自身の考えを共有できる相手がいることで、前向きな影響があったのではないでしょうか。座談会終了後には名刺交換をして、定期的に情報交換しているそうです。

彼女たちに共通しているのは、「ものづくり」が好きで、自分の立てた計画が「かたち」になること、また、多くの人とかかわり仕事ができることにやりがいを感じていること。それが座談会をとおして伝わってきました。

建設業は、女性も十分に活躍できる職場であるという認識の高さがうかがえました。

【測量】

建設業で働く女性の比率（2000年15%、2019年17%、総務省「労働力調査」）、女性技術者の比率（2000年2%、2019年6%、国土交通省「建設業活動実態調査」）は、ともに増加しています。「ドボジョ」「リケジョ」「けんせつ小町」の活躍はこれからも期待できるといえます。

【デスクワーク】

データでモノを言わないと、なかなか説得できない！

現場で女性がくつろぐ場所はありますか？

建設業界は女性活躍への意識改革が進み、いたるところで女性専用のくつろぐ場所があることが当たり前になってきています。施工管理業務や事務業務に従事する職員のための施設や実際に作業を行っているサブコンの技能労働者のための施設が整備されてきました。技能労働者が少ない場合は、共通で使用することもあります。

職場環境としては、昔はやはり男社会の職場然とした必要最小限の殺風景な環境だったため、女性のくつろぐ場所も雰囲気もないに等しかったのですが、いまは休憩室、ロッカーや更衣室、トイレ、化粧室など女性専用の衛生的で清潔感あふれる空間に改善されています。

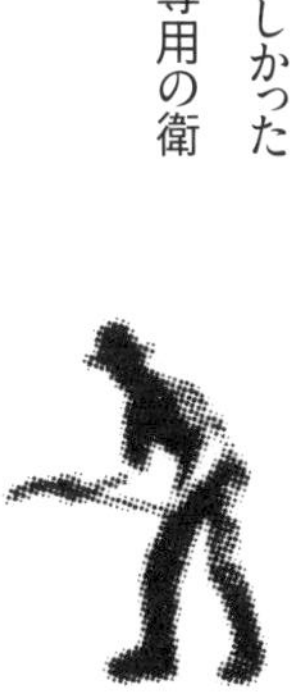

また、こうした空間を、女性職員たちが自らデザインしたり、調度品を揃えたりして、快適な職場づくりを進めていることもあるようです。

女性のゼネコン社員たちや技能労働者たちがくつろげる空間で休憩時間にコミュニケーションを図れることは、彼女たちの結束力や個人の意識の向上に役立っています。

現場ではなぜ、朝にラジオ体操をやるのですか？

スポーツする前のウオーミングアップと同じです。

◉理由その１　肉体労働のための筋肉、関節、神経などの準備運動とするためです。日本人が誰でも馴染んでいるラジオ体操は、もともと身体の筋肉をまんべんなく動かすことができる全身運動のため最適とされています。現場によっては、マンネリ化防止のためにオリジナルの体操やストレッチ、ジャズダンスなどを取り入れている場合もあります。

◉理由その２　行動は潜在的に精神に影響を与えます。朝起きてぼんやりしている身体と精神を、危険が潜んでいる現場に出る前に覚醒させるためです。

◉理由その３　関係者全員が集合し、チーム感の醸成を狙って動作を合わせているともいえます。また、現場監督の立ち位置から

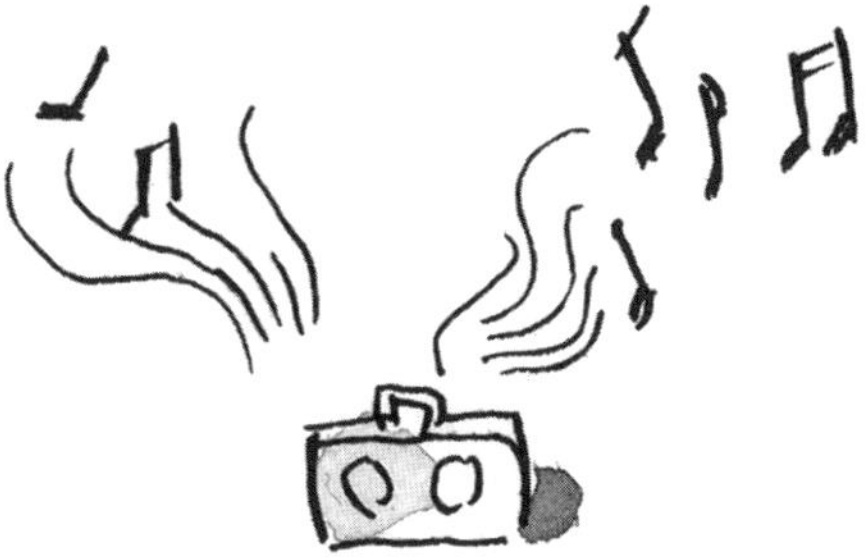

安全は全ての作業に優先する
イッチ・ニイ・サン・シ
イカン
二日酔いだ

は、ラジオ体操をしている作業員の姿を観察し、「元気がない」「顔色が良くない」「動きにキレがない」ことがないかどうかを確認しています。建築現場では、少しの体調不良や油断が命にかかわることを念頭に、作業員の皆さんの状態には常に気を配っています。

　最近は、作業時間の確保のためにデジタルサイネージ（情報共有掲示板）を活用しながら、作業や危険箇所の確認や不安全行動に対する指示のみで、朝礼や体操をしない現場も少なからず見受けられます。しかし全員が一堂に会して行うラジオ体操は、やはり一日のスタートとして切り替えることもできて心身に良いと思います。東南アジアでは、日本と同じようにラジオ体操を英語や母国語でやっているところもあります。

せっかく入った会社を辞める人がいるのはなぜですか？

せっかく入った会社でも、辞めるには当人なりの理由があります。最も多いのは、

◉経験する業務に適性ややりたかったことが一致していない。
◉就労環境や待遇や負荷に耐え切れない。
◉やりがいや自己成長、将来性が見込めない。
◉人間関係や企業文化が合わない。

その他、家業の都合や健康上の都合、他業種他社への移籍などもあると思います。

建設業界での仕事を考えている皆さんには少しシビアな内容になるかもしれません。でも、入社間もない時点では不慣れや能力不足があるのは当然といえば当然です。慣れる過程、成長する過程に伴う少しの辛さを乗り越えることができれば、案外にいい展開になる場面が多いと思います。ことわざでも「石の上にも3年」といいます。3年を過ぎると面白さが見えてきます。また、

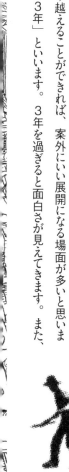

企業側も、仕事を覚え始める社員に対してできるだけ丁寧に教え、仕事量も適正に提供する環境づくりを重要視しています。

会社を辞めることは必ずしも悪いことではありませんが、自分自身の活躍・自己実現の場として選ぶ会社ですから、どうか、最終的な判断をする前に周りに相談することや「もう少し頑張ってみよう」と踏みとどまるタイミングを見つけてほしいと願っています。

現場は危険がいっぱい？

現場には高い所・狭い所での作業、重量物の揚重・運搬や足場等の倒壊、資材の飛散落下などの危険があります。工事においては、危険のないよう事前に綿密な計画を立て、手すりや水平養生ネットなどの防護設備を設置します。万が一事故が起きても、より安全側で済むというフェイルセーフの考え方に則り、計画します。「安全」なだけでなく「身の危険を生じさせない」安心を

与える計画や管理で、危険な思いをしないようにしています。

ところが、「うっかり」「不注意」「横着」（この3つをUFOといいます）で思わぬ事故が発生する場合があります。現場では「UFO撲滅運動」として職人によく注意を促しますが、人はどこかでこのことを忘れてしまいます。私自身がかつて経験した事例もそうです。

コンクリート打設の前にスラブ配筋上の残材を片付けるため、私はシート付きのワイヤーモッコに型枠の残材やゴミを集積し、クレーンで吊り上げました。その旋回中に、スラブ上にいた型枠大工の頭の上に荷崩れして落下したのです。落下物が型枠大工に直撃したため救急車で病院に運ばれましたが、幸い命に別状はありませんでした。クレーンの旋回範囲には原則立ち入り禁止ですが、道具を忘れて取りに戻った型枠大工が旋回範囲に入ってきたことで運悪く事故となりました。

事故というのはほんの一瞬、気が緩んだ時に起こります。UFOの意識は常に必要です。いまはよりフェイルセーフの考え方を強化し、クレーンの旋回中や吊り荷の上昇時、降下時に音を発生させて安全を確保しています。

現場には、楽しいイベントがあります

現場には、地鎮祭や竣工式などの式典があります。建物ができ上がっていくことを関係者の皆が実感できる機会は感動的なものです。それだけでなく、慰労会や見学会といったイベントもあり、関係者や地域の人々が盛り上がるものとなっています。

すべての現場で開催しているわけではありませんが、例えば、夏は焼肉パーティー、花火大会、冬は餅つき大会などがあります。現場で一緒に働いている者同士が交流や懇親を深めるイベントです。その中でクイズやゲーム、出し物などといった余興を楽しみます。時には社員や職人さんの家族、建築主や近隣住民を招待しての現場見学会も盛り上がりを見せています。奥さんや旦那さん、子どもたちに働いている職場を見せることで、仕事に対する理解が深まります。

こんなイベント（?）もあります。音楽ホールの現場では、ホールの最終音響測定を満席で行う必要があることから、社員や職人さんの家族を招待して実際にいろいろな音楽を流し、残響時間を測定します。重要な仕事とはいえ、現場だからこそ味わえるひとときです。最近は地域の学

校とのコラボレーションで、仮囲いに子どもたちの描いた絵を展示したり、現場の敷地内で野菜をつくって近隣に配ったりもします。また、仮囲いのコーナー部分を透明にして現場の様子をのぞくことができたり、花を植えたり、四季折々の展示物（ミニこいのぼり、七夕、クリスマスイルミネーション等）を展示したりして通行人や近隣の方々に楽しんでいただくこともあります。これらの企画はほとんど若い社員が担当します。

建物をつくることは、いろいろな人の協力や仕事で成り立ちます。地域とのつながりも大切です。建設に携わる関係者全員が常に感謝の気持ちを持ち、お互いを思いやれば、きっと良い建物ができると信じています。

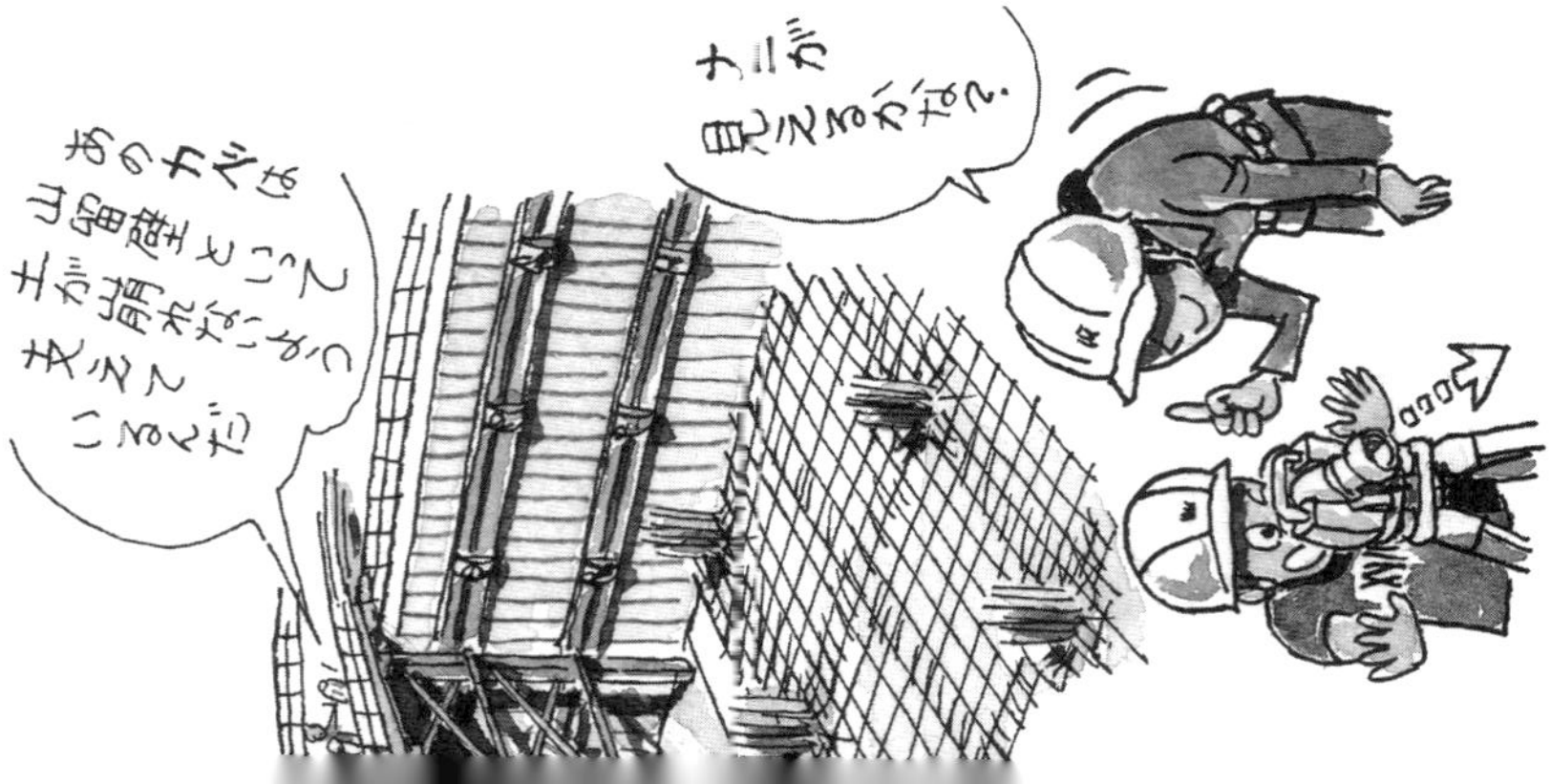
あのカベは山留壁といって土が崩れないよう支えているんだ
ナニが見えるかな？

この機械はクラムシェルといって掘った土をダンプトラックに積み込むんだ
こちらはバックホウという機械で土を掘っているんだ
下に広がっている組立中の鉄筋はコンクリートで固めて建物のキソになるんだ
キソ!?って?
アッお父さんがいる!
○○ビル建設写真館
建物は多勢の人たちでつくるんだヨ この写真に知った人がいるかなー?
うわぁ あんなところにド○○もんがいる!

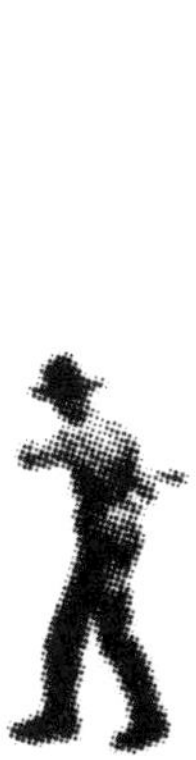

現場には、働く人のモチベーションを高めるセレモニーがあります

みんな素晴らしい
しかし目立つ部署の人はどうしても際立つ
その点彼は全く正反対のポジションでみんなをよく
パチパチ
パチパチ
パチパチ
サッ
そうとなればビールだ!
パチパチ
パチパチ
ホント彼はよくやってくれた
イヨッ○○さんエエぞ
パチパチ
パチパチ
パチパチ

組織を運営していくために、ゼネコン社員と職人さんのモチベーションを上げるセレモニーを紹介します。

私がかつて部下の皆を盛り上げ、セルフエスティーム（自己有能感）を高めるために、エンパワーメント（力を付与する）を行ったセレモニーを紹介します。

エンパワーメントには5つの要件があります。

❶ 勇気付け（ビジョンの設定と共有化、ミッションの明確化と共有化、目標の設定と共有化、自主性の支援、強みの支援）

❷ 環境づくり（チーム内での信頼関係づくり、win - winの雰囲気づくり、期待感の醸成、リー

ダーシップの分有、個人間・部門間の調整）
❸機会の提供（魅力あるタスクのアサイン、変革への参加、アイデアの提案と採択、能力開発、人脈の提供）
❹支援（道具性の提供、情報提供・アドバイス、後見役、権限の付与、権威付け）
❺リワード（結果・成果に対するリワード、行動プロセスに対する評価、マイルストーンごとの評価、タイミングの良い承認・賞賛、注目される場の提供）

私はこれらの要件を満たしたセレモニーを多く実践してきました。なかでも部下のモチベーションを上げたのは、❺リワード（報い）でした。成果に対してタイムリーに褒めることをセレモニー化したものです。忘れた頃に褒められても人は喜びません。ポチ袋にメッセージカードを入れ、お礼や出来栄えの評価を書いて渡しました。職人さんには仕事の出来栄えが良かったときは「良くできている」「素晴らしい仕事だ」、最後に「ありがとう」を付け加え、タイムリーに声掛けします。また、彼らが前工程の仕事の不具合を見付け、それを報告してくれた時には朝礼時に全員の前で報告してくれたことに対し、お礼や感謝の言葉を贈ります。これが現場の雰囲気を良くし、モチベーションをアップさせることにつながります。

年末の仕事納めの日には「みんパチ」をやることにしていました。これは「みんなでパチパチ」の意味です。テーブルを囲み、まずはAさんに対し全員が3分以内で、1年間を振り返りAさんの良いところを褒めて、全員で拍手をします。次にBさんに同じことをする。時間はかかりますが全員が褒められて年末を気分良く迎えられることになり、「来年もよろしく頼みます」で閉会します。

現場の社員や職人も自分自身を評価してもらいたいと常に思っているはずです。成果が上がった時、タイムリーに全員の前で賞賛してあげることが、現場全体で盛り上がることにつながりました。

現場では、どんな失敗や苦労がありますか？

これは個人によって異なると思いますが、若い時の現場での失敗はたくさんあります。また、失敗してよいということではありませんが、新人は知らなくて失敗、ベテランは慣れで失敗ということがあります。スケールが大きいだけに慌ててしまうと思いますが、私の失敗談を読んで、誰にでもひとつやふたつはあるんだなと思ってもらえばと思います。

アウトリガーを置いた敷鉄板の下がクボミになっていたんだ！
実はオレも経験がある
ハハーっ下に排水マスがあったんだ悪いことにその上にベニヤの養生があってオマケに土まで被せてあったんだ

失敗その1

コンクリート打設がほぼ終わりかけた時、残っている梁やスラブの数量を目検討で概算して最後の打設数量をプラントに発注連絡するのですが、目測を間違えて概算を誤り、生コン車数台を余らせてしまいました。所長にはこっぴどく叱られました。それ以降は、スケールで測りながら残りの数量をしっかり計算して発注するようになりました。

失敗その2

これもコンクリート打設時の失敗談です。打設前日、土工の職長と綿密な打合せをし、早朝8時開始ですべて手配したつもりでいましたが、朝の朝礼時、土工や左官工やともに作業する相番の設備会社が3社もそろっていたのに、肝心のポンプ車が来ていませんでした。この時ばかりは私も顔

面蒼白となりました。自分では当然、手配が終わっているものと安心していましたが、うっかりミスで手配できていないことが判明し、大慌てで東京中のポンプ屋さんに連絡したのです。ようやく午後からのコンクリート打設となり、夜中まで打設した経験があります。これ以降、複数人で最終チェックを行うシステムにしました。これがフェイルセーフです。

失敗その3

鉄骨建て方前に、あろうことか移動式クレーンを倒してしまいました。移動式クレーンのアウトリガーを広げて準備したところ、1か所のアウトリガーの足元が外構工事の桝（空洞）の上でしたが、ベニヤ養生の上に土が被っていたためクレーンのオペレータは下の空洞に気付かずそのまま上にアウトリガーを設置してしまいました。転倒したブームは、幸い根切り残土を盛り上げていたところに倒れました。ケガ人が出なかったことが本当に不幸中の幸いでした。

こうした失敗は上司や先輩たちにフォローしてもらって事なきを得ました。また、当時は反省しきりでしたが、安全に対する心構えを肌で実感することができました。経験を積むことにより、その後は自分がフォローする立場になれたかと思っています。

たとえ話から学ぶ、働くことの意味

仕事に対するモチベーションを高めるには、「何のために働くのか」という目的が明確であることが必要です。仕事のとらえ方の違いを分かりやすく示したものに『イソップ寓話』にあると語られている「3人のレンガ職人」があります。

❶ 旅人が歩いていると一人の男が道の脇でつまらなそうな顔でレンガを積んでいた。旅人はそばに立ち止まって尋ねた。
「ここで何をしているのですか?」

「決まっているだろ、レンガを積んでいるんだ。毎日、朝早くから晩まで、俺はここでレンガを積まなきゃならないのさ。もっと楽な仕事があるというのに。できれば辞めてしまいたいくらいだよ」

見りゃ分かるだろ親方にいわれてレンガを積んでるんだ
サボりたーい
コレ！若いの！ナニをしておる？
そりゃ分っとる
ブルッ

旅人は「大変ですね」とねぎらい、歩き始めた。

【このやりとりから分かること】

★やらされているという思いでレンガを積んでいるだけ。特に目的はない。

❷もう少し歩くと、別の男が一生懸命レンガを積んでいた。旅人は尋ねた。

「ここで何をしているのですか?」

「大きな壁をつくっているのさ。これが俺の仕事でね」

「大変ですね」と言葉を掛けると

「どうってことはないよ。おかげで俺は家族を養っていけるんだ。ありがたいことだよ」

旅人は、「頑張ってください」と励まし、歩き出した。

【このやりとりから分かること】

★レンガを積み、壁をつくる仕事として責任感を持って

壁だよ これで一家が やっと 喰っていけるんだ！
モシ！ 忙しそうじゃが ナニを しておられる？
男は つらいのう

いるが、生活費を稼ぐことが第1の目的である。

❸もう少し歩くと、別の男がせっせとレンガを積んでいる様子に出くわした。

「ここで何をしているのですか?」

「俺は、歴史に残る偉大な大聖堂（教会）をつくっているんだ!」

「大変ですね」

「とんでもない。ここで多くの人が祈りを捧げたり、結婚式で祝福を受けたり、過去の罪に許しをこうんだ! 未来があるんだ、素晴らしいだろう!」

旅人はねぎらいの言葉を掛けて、歩き始めた。

【このやりとりから分かること】

★一部の作業であっても、立派な建物を建てることに誇りを持ち、世の中に貢献することを目的にしている。

大聖堂を造っているんだ! ドヤさ!
とんでもない ワシらを含め みんなのタメじゃ!
あっ、モーシ! 大変そうじゃが ナニをしておられる?
それは奇特なコトじゃな

3人のレンガ職人の目的意識は、それぞれ差があることが分かります。同じ作業をしても、❸のように高い目的意識があれば心が豊かになります。

皆さんも入社して配属が決まると自分の仕事が明確になります。そこで考えていただきたいのは「仕事の目的は何か」ということです。良い建物をつくり、建築主に喜んでもらう、それが会社や社会に貢献できることにつながれば胸を張れます。誇れる仕事にぜひ、チャレンジしてみてください。

組織から望まれる施工管理技術者とは？

入社した頃はまだ現場の経験がなく、何をどうしていいのか分からない人が多いと思います。慣れることで精一杯です。でも手探りで進まなければなりません。

そこでいままでの私の経験をふまえて、読者の皆さんにアドバイスしたい項目を挙げてみました。この12項目の中のいくつかを意識の中で持ち続ければ、必ず自分自身を磨き上げることができると確信しています。

若手の施工管理技術者に望むこと

①建築を好きになる（仕事を道楽にせよ！『鹿島守之助経営論選集』より）
②憧れる先輩を見つける（理想とする先輩や所長を追いかける、追い越す意識）
③自分で仕事をつくる（指示を待つな）
④空間想像力を身に付ける（2D図面を見て頭の中で3Dとする）
⑤いまを見るとき明日、来週をイメージする（先を考える）

そのうち経験が積み重なると日一日と自分の強みになるつまりカンが育ってくる
各工事はできるだけ量と考えて数値数量に置き替え消化量・残り量を把握するこれポイントだ

⑥ 作業員とコミュニケーションをとる（同じ目線で腹を割って話す）

⑦ とにかく工程表を書く（自分が書いたものと現実を比較する）

⑧ 原価意識を持つ（身銭を切ってつくっている気持ちになれ！）

⑨ 工事の歩掛りを身に付ける（物事を推し量る力を持て！）

⑩ 経験したことを自分の目盛りとして刻む（次に活きる判断基準をつくる）

⑪ 納まりが悪い所を見つける感性を持つ（鳥の眼と虫の眼の2つで見る）

⑫ 小さな不具合を見逃さないで早期に対処する行動力を持つ（蟻の一穴）

以上の項目を手帳に書いて、常に胸に刻むことをおすすめします。

★歩掛り
ある作業を行う場合の単位数量、またはある一定の工事に要する作業時間ならびに作業日数を数値価したもの（00m2/人・日、00t/人・日）

ピー ピョロ〜
あの鳥のように
高い位置から
モノを見る力を
自から養う!
つまり大局だ!
大雑把は別モノ
一方で虫メガネで
見るような細心さも
ときに必要
重箱のスミをつつくのは
ちょっと違うが
・・・・

資料

全国の建設会社数・就業者数や受注内容の規模

建設業を営む場合は建設業の許可が必要となります。建設会社は、2つ以上の都道府県で営業所を設ける場合は国土交通大臣の建設業許可が必要となり、1つの都道府県のみに営業所を設ける場合は都道府県知事の建設業許可が必要となります。

ここでは、建設業許可を取得している建設会社の各種調査データをもとに説明します。

建設会社の数

国土交通省の「建設業許可業者数調査」によれば、2020年3月末現在、建設業許可を取得している会社は全国で約47万2千社あります（図1）（2000年当時は約58万6千社ありました。約20%減少しています）。そ

（図1）

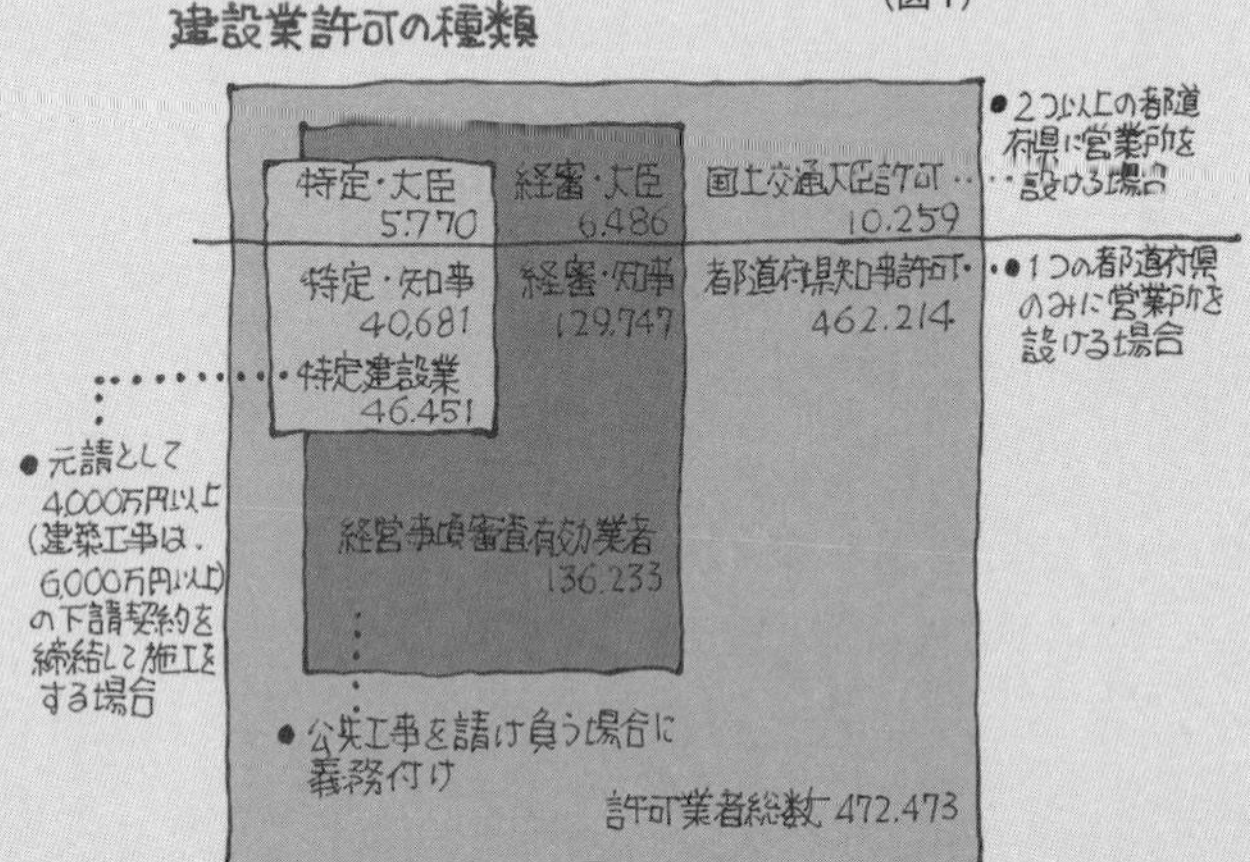

資料：国土交通省「建設業許可業者数調査」「建設工事施工統計」
（許可業者数は2019年度末現在）
経営事項審査受審企業数は日建連調査による

の中で国土交通大臣から許可を取得している会社は約1万社（2・2％）、都道府県知事から許可を取得している会社は約46万2千社（97・8％）となっています。また、資本金10億円以上は1268社（0・3％）、資本金が1〜10億円未満は4176社（0・9％）、資本金が1億円未満（個人を含む）は46万7千29社（98・8％）になります（図2）。

この数字から見えてくるのは、国内の建設会社の大半は中小・零細企業だということです。これらの会社が日本の国土を支えています。発注者から請け負った工事の一部について下請け契約を締結する業者（特定建設業）は、そのほかの業者（一般建設業）に比べて厳しい要件をクリアしなければなりません。すべてのゼネコンは、公共工事を請け負う場合、許可とは別に経営事項審査を受けることが義務付けられています。

建設業就業者数

バブル崩壊後、さらにリーマンショックによる経済環境の低迷化があり、技

（図2）

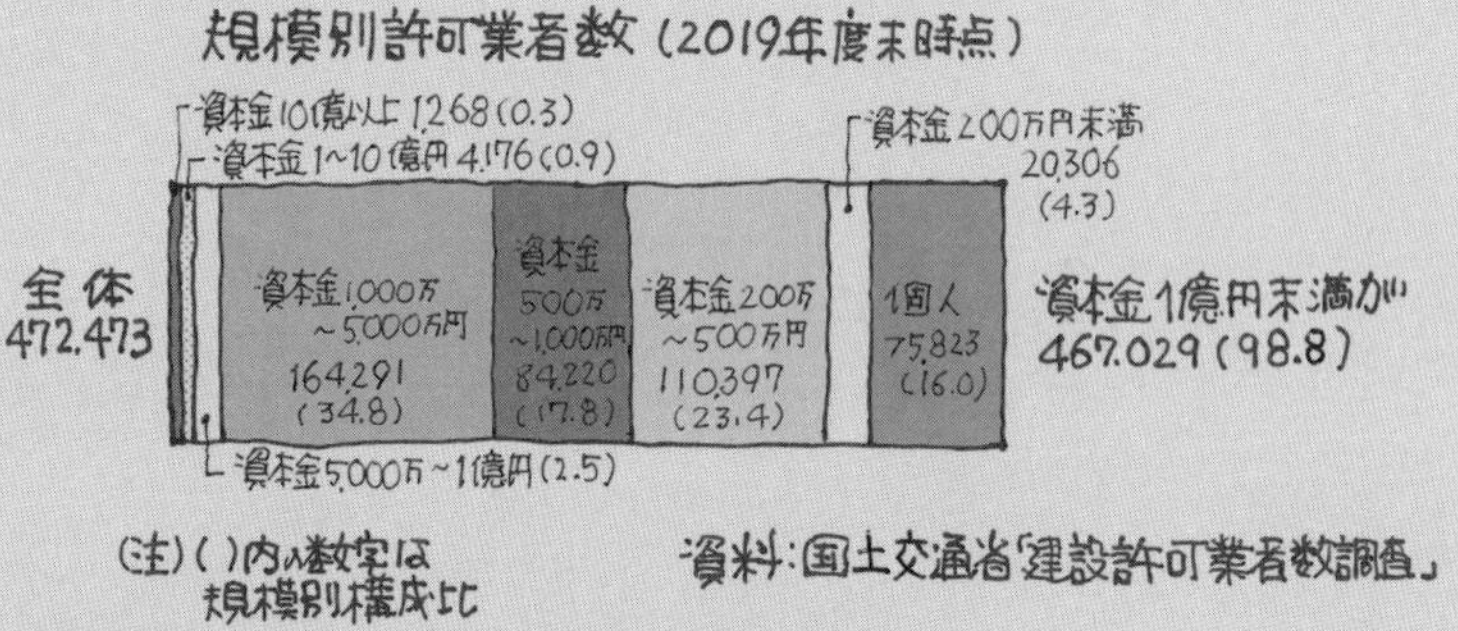

能労働者の高齢化問題や労働環境・賃金の改善が求められる時代となりました。「労働力調査」（総務省）によれば、建設業就業者数は１９９７年の６８５万人をピークに２０００年６５３万人、２０１９年４９９万人となり、ピーク時の約73％に減少しました。また、技能労働者数も２０００年４５０万人、２０１０年以降は３００万人台で横ばいではありますが２０１９年３２７万人と、ピーク時（１９９７年４６４万人）の71％まで減少しており、技能労働者不足が課題のひとつとなっています。

建設投資額51兆円超（２０１５年当時）が今後横ばい、もしくは多少減少したとしても、技能労働者は最低３０５万人が必要となり、２０２５年には、入職者がなければ１２５万人不足するため、新たな入職者90万人を確保し、不足分35万人分を省人化技術を活用し、技術力でカバーし対応していかなければなりません。（図３）

また、新規学卒者の入職状況は、全産業の中で建設業就業者が２０００年４万７千人（10％）、２０１９年

（図3）

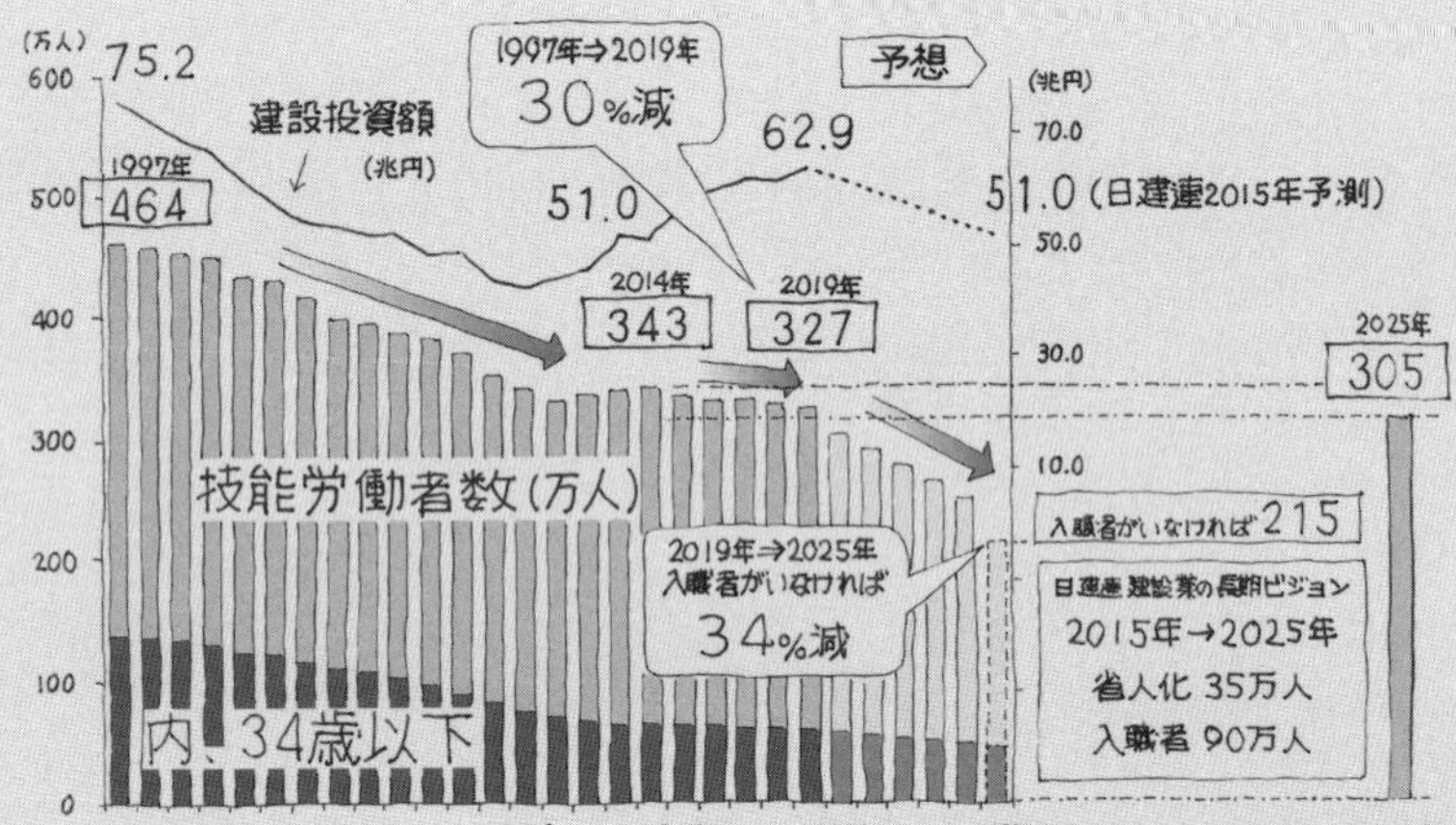

日建連　建設業の長期ビジョン　（2015年3月）掲載データに基づき作成

4万人（7%）と減少しています。建設業で働く女性の比率は2000年15%、2019年17%と若干増加しています。女性技術者も2000年2%、2019年6%と増加しています。「ドボジョ」「リケジョ」「けんせつ小町」と呼び名がつくように、女性の活躍できる場所が年々増加していることが分かります。

大手建設会社の受注内容と規模

日本建設業連合会の「受注実績調査（会員48社2015～2019年度平均）」によれば、民間建築60・8%、民間土木9・2%（民間70%）、官公庁建築7・7%、官公庁土木18・0%（官公庁25・7%）、海外建築2・0%、海外土木2・1%（海外4・1%）その他建築0・2%となっています。（図4）この数字から、いかに民間の建設投資額のウエイトが高いかが分かります。さらに内閣府の「国民経済計算」によれば、2018年の国内総生産（GDP）約547兆円のうち、建設業の国内総生産は全体の5・7%（31兆

（図4）

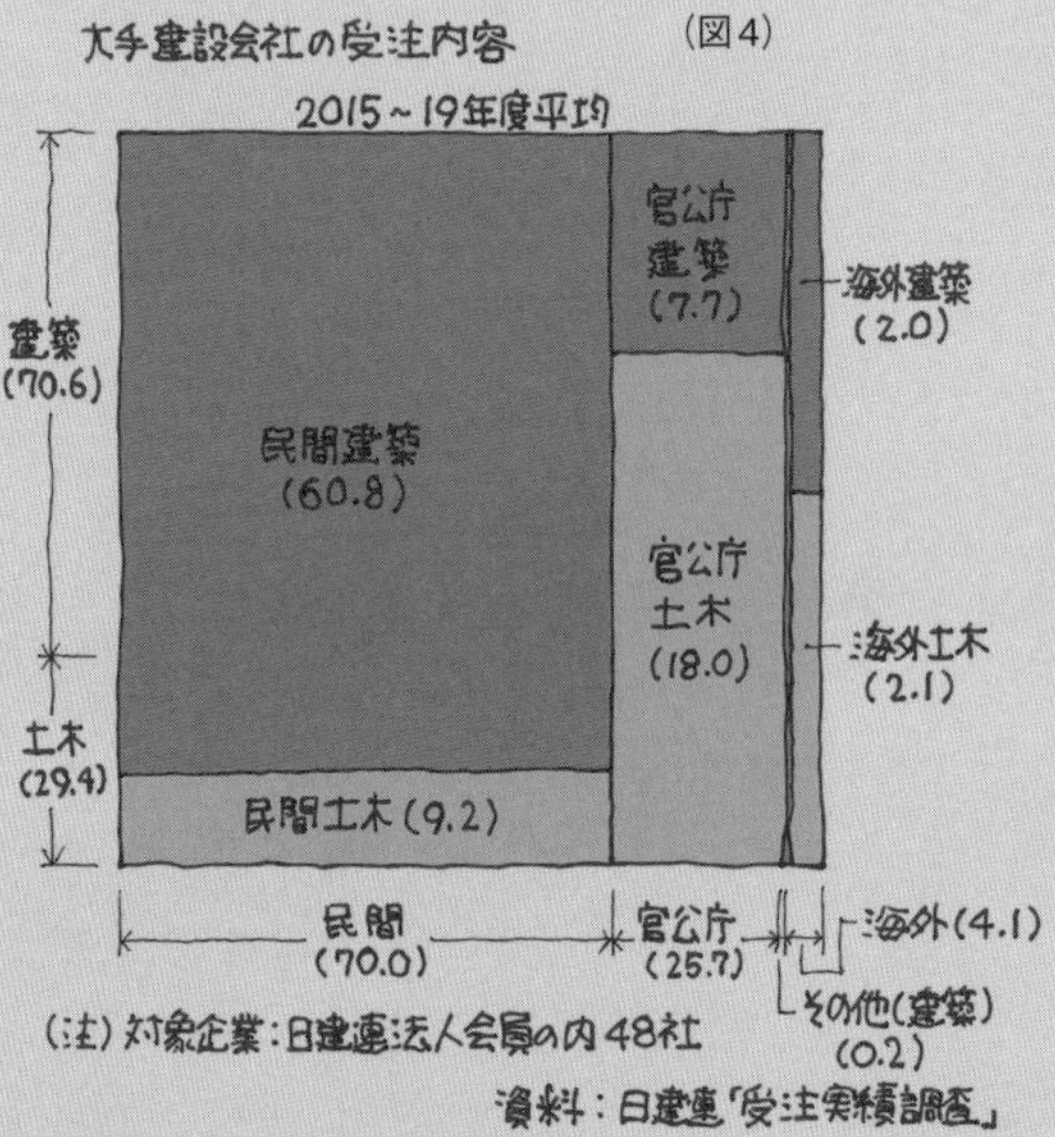

円）を占めます。製造業他8業種ある各業界の上位6位に当たります。総務省の「労働力調査」によれば、2019年の産業別就業者数約6700万人のうち、約500万人（7・4%）を占めています。これは各業界の5位に当たります。

一方、国土交通省の「建設投資見通し」によれば、建設投資の推移は1992年の約84兆円（うち、建築49兆円）をピークに減少傾向が続きました。これまでの減少傾向はバブル崩壊やリーマンショック等の影響がうかがえます。2019年度は全体では建築約62%、土木約38%、民間62%、官公庁38%となっています。（図5）そ

（図5）

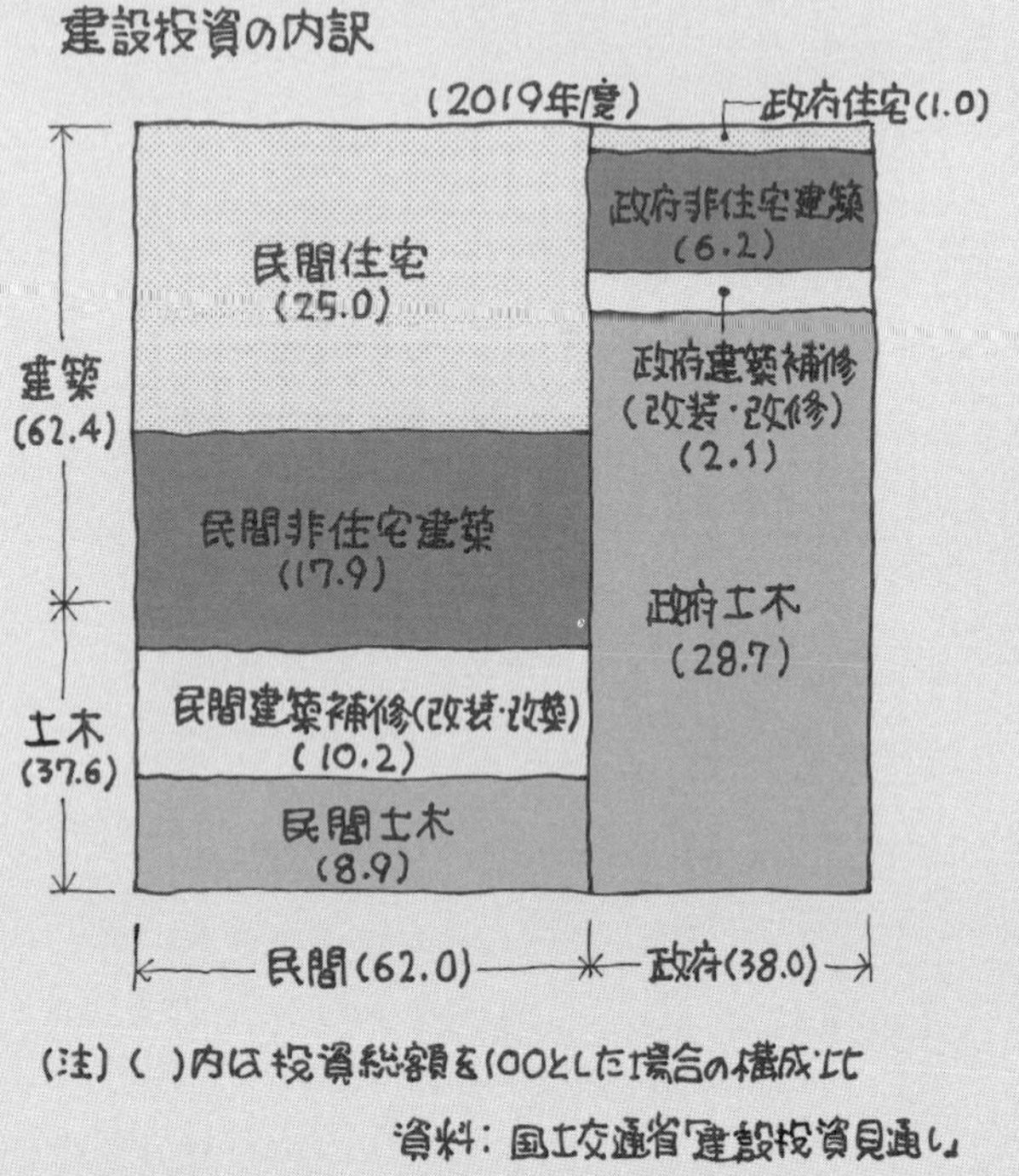

の後は、東日本大震災の復興需要や民間投資の回復により、増加傾向になっています。２０２０年には約63兆円（うち、建築38兆円）になる見通しです。今後の見通しとして、コロナ禍の影響でやや減少傾向が予想されます。

これらから言えることは、産業別の生産額や就業者数は他産業と比べて決して大きくはありませんが、経済の活性化には建設工事の果たす役割は大きく、民間工事の大半は建築工事で、政府投資の大半は土木工事であるということです。近年の受注内容の変化で最大の特徴は官公庁工事の割合の低下であり、特に自治体など地方の機関からの受注割合の低下が著しくなっています（図６）。

（図6）

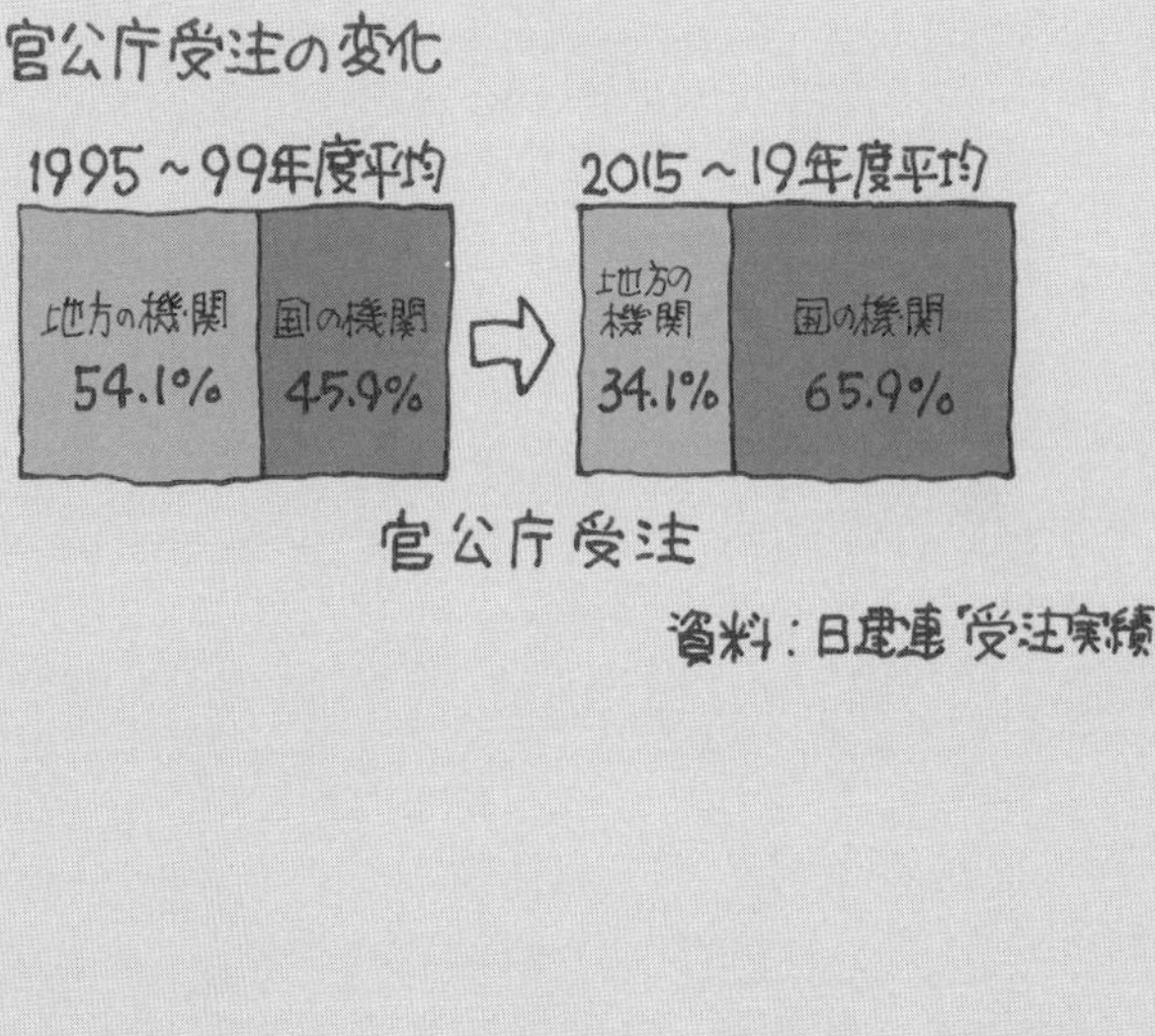

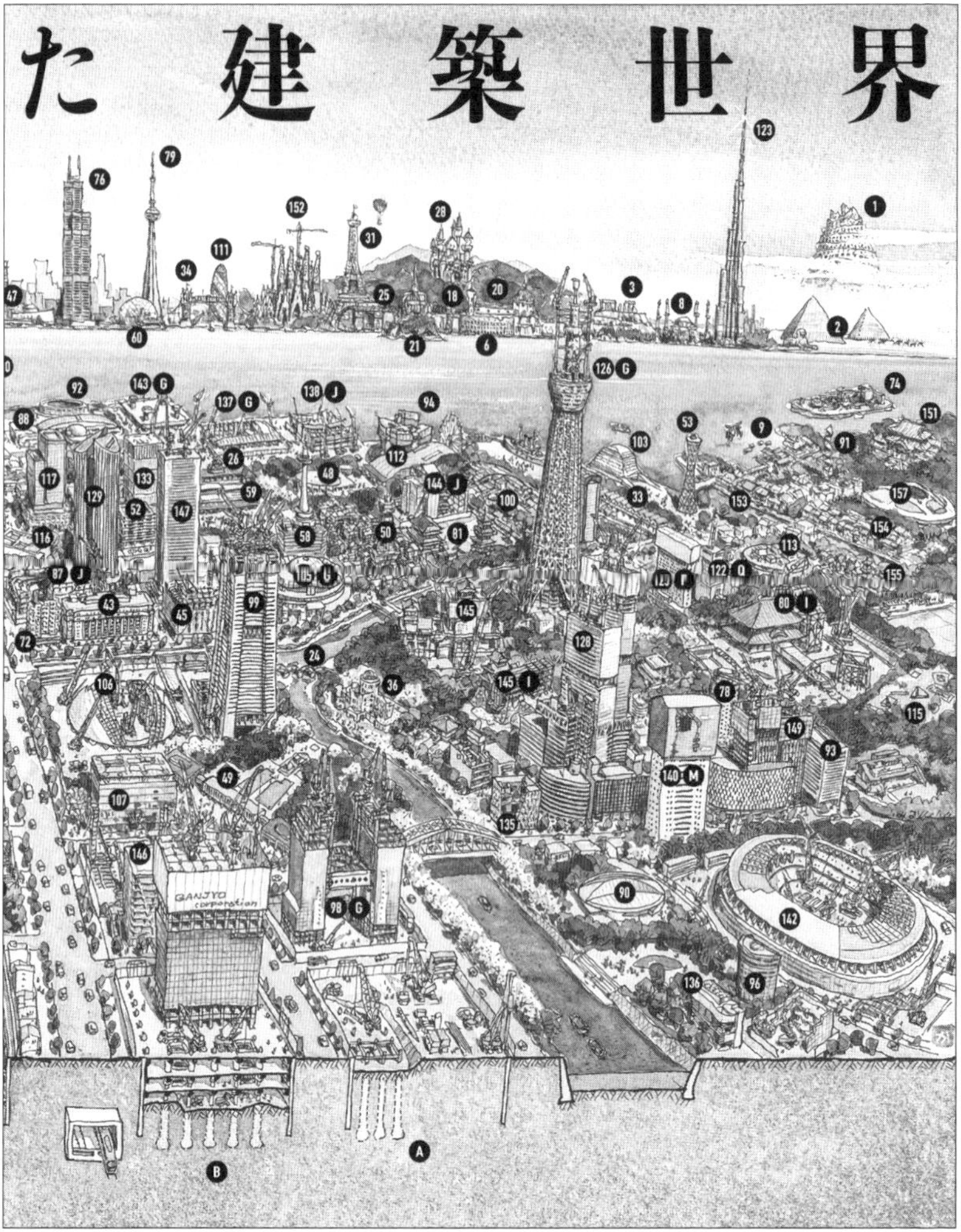
た建築世界
GANJYO corporation

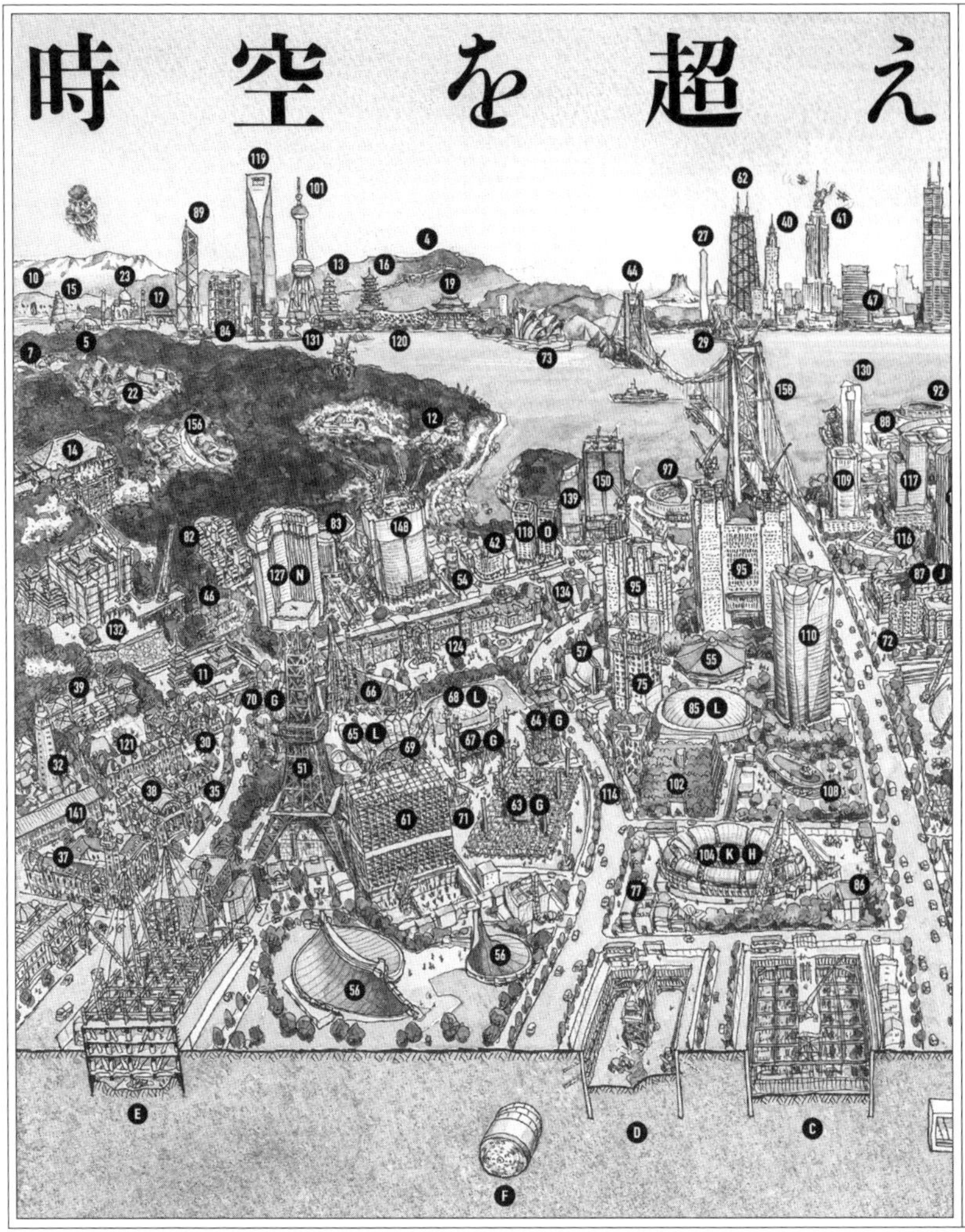
時空を超え

た建築世界

76 旧シアーズ・タワー◉アメリカ 1974
77 住吉の長屋◉1976
78 大阪マルビル◉1976
79 CNタワー◉カナダ 1976
80 東大寺昭和大修理◉1980
81 薬師寺西塔再建◉1981
82 六甲の集合住宅I◉1983
83 有楽町マリオン／有楽町センタービル◉1984
84 香港上海銀行◉香港 1985
85 東京ドーム◉1988 L
86 光の教会／茨木春日丘教会◉1989
87 横浜アリーナ◉1989 J
88 幕張メッセ◉1989
89 中国銀行◉香港、1990
90 東京体育館◉1990
91 水戸芸術館◉1990
92 千葉マリンスタジアム◉1990
93 大阪第一生命ビル◉1990
94 大阪海遊館◉1990
95 東京都庁舎◉1991
96 千駄ヶ谷インテス◉1991
97 福岡ドーム◉1993
98 梅田スカイビル◉1993
99 横浜ランドマークタワー◉1993
100 竹中技術研究所◉1993
101 東方明珠電子塔◉中国 1994
102 福岡アクロス◉1995
103 神戸メリケンパークオリエンタルホテル◉1995
104 なみはやドーム◉1996
105 大阪ドーム◉1997 G
106 大館樹海ドーム◉1997
107 仙台メディアテーク◉1997
108 名古屋オアシス21◉2002
109 丸の内ビルディング◉2002
110 六本木ヒルズ◉2003
111 セント・メアリー・アスク◉イギリス 2003
112 九州国立博物館◉2004
113 金沢21世紀美術館◉2004
114 旧TOD'S表参道ビル◉2004
115 直島地中美術館◉2004
116 国立新美術館◉2006
117 新丸の内ビルディング◉2007
118 鹿島本社ビル解体◉2008 O
119 上海森ビル◉中国、2008
120 北京国家体育場／鳥の巣◉中国 2008
121 三菱一号館復元◉2009
122 大阪タワー解体◉2009 Q
123 ブルジュ・ハリファ◉アラブ首長国連邦 2010
124 東京駅保存・復原◉2012
125 ホテルプラザ解体◉2012
126 東京スカイツリー◉2012
127 赤坂プリンスホテル解体◉2013 N
128 あべのハルカス◉2014
129 虎の門ヒルズ◉2014
130 旧幕張プリンスホテル◉2014
131 台中国家歌劇院◉台湾、2014
132 姫路城平成大修理◉2015
133 東京ガーデンテラス紀尾井町◉2016
134 すみだ北斎美術館◉2016
135 碧海信用金庫御園支店◉2017
136 浦安音楽ホール◉2017
137 有明体操競技場◉2019 G
138 有明アリーナ◉2019 J
139 ミュージアムタワー京橋◉2019
140 からくさホテルグランデ新大阪タワー◉2019
141 富岡製糸場保存・修理◉2020
142 国立競技場◉2020
143 東京アクアティクスセンター◉2020 G
144 薬師寺東塔解体修理◉2020 J
145 熊本城地震災害復旧復元◉2021 I
146 大阪大学箕面キャンパス◉2021
147 虎の門デジデンシャルタワー◉2022予定
148 東京ミッドタウン八重洲◉2022予定
149 大阪神ビル建替え／阪神百貨店◉2022予定
150 新TODAビル◉2024予定)
151 首里城復元◉2026予定
152 サグラダ・ファミリア◉スペイン、2026？
153 小樽運河の街並み
154 平福の家並み◉兵庫
155 川越の家並み◉埼玉
156 石州瓦の家並み◉中国山地
157 ザハの新国立競技場案
158 紀淡海峡大橋◉構想

時空を超え

1	バベルの塔◉旧約聖書
2	ピラミッド・スフィンクス◉エジプト　紀元前2500
3	パルテノン神殿◉ギリシャ　紀元前438
4	万里の長城◉中国　紀元前214
5	サーンチー仏塔◉インド　紀元前３世紀
6	コロッセオ◉イタリア　80
7	吉野ヶ里遺跡◉弥生時代後半
8	アヤ・ソフィア大聖堂◉トルコ　537
9	厳島神社・大鳥居◉593
10	バーミヤン石窟寺院◉アフガニスタン　６世紀
11	法隆寺◉607
12	浄土寺◉尾道　616
13	大雁塔◉中国　652
14	清水寺◉778
15	マルウィヤ・ミナレット◉イラク　852
16	仏宮寺釈迦塔◉中国　1056
17	福建土楼◉中国　12～20世紀
18	ピサ寺院の鐘塔◉イタリア　1350
19	紫禁城◉中国　1421
20	サンタ・マリア大聖堂◉イタリア　1436
21	モン・サン・ミッシェル◉フランス　16世紀初頭
22	白川郷合掌造り◉17世紀半ば
23	タージ・マハル◉インド　1653
24	錦帯橋◉1673
25	凱旋門◉フランス　1836
26	築地ホテル館◉1868
27	ワシントン記念塔◉アメリカ　1885
28	ノイシュバンシュタイン城◉ドイツ　1886
29	自由の女神◉アメリカ　1886
30	北海道旧本庁舎◉1888
31	エッフェル塔◉フランス　1889
32	浅草凌雲閣◉1890
33	酒田山居倉庫◉1893
34	ロンドンタワーブリッジ◉イギリス　1894
35	旧鴻池本店◉1909
36	原爆ドーム／広島県産業奨励館　1915
37	横浜開港記念館◉1917
38	大阪市中央公会堂◉中之島　1918
39	旧甲子園ホテル◉1930
40	クライスラービル◉アメリカ　1930
41	エンパイア・ステート・ビルデング◉アメリカ　1931
42	旧服部時計店／銀座和光◉1932
43	明治生命館◉1934
44	ゴールデン・ゲート・ブリッジ◉アメリカ　1937
45	第一生命館◉1938
46	羅生門／黒澤明映画セット◉1950
47	国連ビル◉アメリカ、1952
48	愛媛県民館◉1953
49	原爆資料館／広島平和記念資料館◉1955
50	通天閣◉1956
51	東京タワー◉1958
52	香川県庁舎◉1958
53	神戸ポートタワー◉1963
54	三愛ドリームセンター◉1963
55	日本武道館◉1964
56	国立代々木競技場◉1964
57	聖カテドラルマリア教会◉1964
58	京都タワー◉1964
59	国立劇場◉1966
60	モントリオール万国博アメリカ館◉カナダ　1967
61	霞が関ビル◉1968
62	ジョン・ハンコック・センター◉アメリカ　1969
63	大阪万博お祭り広場◉1970　G
64	大阪万博古河パビリオン／東大寺七重塔◉1970　G
65	大阪万博富士パビリオン◉1970
66	大阪万博ソ連館◉1970
67	大阪万博電力館◉1970　G
68	大阪万博アメリカ館◉1970
69	大阪万博みどり館◉1970
70	大阪万博住友童話館◉1970
71	大阪万博サントリー館◉1970
72	中銀カプセルタワービル◉1972
73	シドニー・オペラハウス◉オーストラリア　1973
74	軍艦島◉明治～1974
75	鹿島建設椎名町アパート◉1974

【地下工法名】

A	逆打ち工法1	山留め壁施工と逆打ち用構真柱を施工。
B	逆打ち工法2	山留め壁設置後、構真柱と呼ばれる鉄骨をあらかじめ地中に埋め込み（場所打ち杭内）、これを支柱として、1階の床から下へ下へと掘削と躯体構築を繰り返す。通常とは逆の手順でつくることから、逆打ち工法と呼ばれる。
C	水平切梁工法	山留め壁を鋼製の腹起し・水平切梁・火打ちで支える工法。
D	地盤アンカー工法（アースアンカー工法）	掘削背面（外側）に地盤アンカーを打ち込むことで山留め壁を支える工法。
E	潜函工法（ケーソン工法）	地下構造体（ケーソン）全体を地上で構築し、下部を掘削しながら地盤中に沈ませ、支持地盤まで到達させる工法。
F	シールド工法	シールドという筒状の機械で、土や水の圧力に耐えながら地下鉄やトンネルをつくるために地盤を横に掘り進め、崩れないよう同時にトンネルの壁（セグメント）を組み立てていく工法。

【特殊工法名】

G	リフトアップ工法	あらかじめ施工した本設柱（あるいは仮設柱）を反力とし、地上で組み立てた大架構（大屋根）を油圧ジャッキなどで所定の高さまで吊り上げる工法。
H	プッシュアップ工法	地上で組み立てた構造物（大架構）を油圧ジャッキなどで下から順次、所定の高さまで押し上げる工法。
I	スライド工法	大架構をいくつかのブロックに分割してクレーン操作の可能な場所に組み立て、躯体上部（あるいは地盤面）に設置した走行レールに載せて順次移動させながら組み立てていく工法。すべり部分は摩擦係数の小さいすべりシューを使用する。スライド部分には車輪を使用する場合もある。
J	トラベリング工法（竹中工務店）	大架構をいくつかのブロックに分割してクレーン操作の可能な場所に組み立て、躯体上部（あるいは地盤面）に設置した走行レールに載せて順次移動させながら組み立てていく工法。すべり部分は摩擦係数の小さいすべりシューを使用する。スライド部分には車輪を使用する場合もある。
K	パンタドーム構法	故川口衞博士が開発したドーム型の大架構をパンタグラフのように大架構を折りたたんで地上で組み立て、所定の高さまで押し上げる構法。
L	空気膜構造	コンプレッションリングにケーブルで補強された膜を張り、室内の気圧を外気圧よりわずかに高くすることで屋根膜面を膨らませる構造。また、膜を空気チューブで束ね立体をつくる方法もある。
M	シミズスマートサイト（清水建設）	BIMとAI搭載の自律型ロボットと人がコラボしながら工事を進める次世代型生産システム。全天候カバーとスライドクレーンを特徴とし、各ロボット自律的に判断して作業を進める（日本建築士会連合会監理技術者講習テキストより）。

【特殊解体工法名】

N	テコレップシステム（大成建設）	閉鎖型解体工法で最上階スラブを建物内部に設置した仮設支柱で支持し、仮設フレーム全体（外周防音パネル足場付き）を油圧ジャッキでジャッキダウンさせながら解体する工法。解体は外周の囲いの中で大ブロックに解体し、内部の開口から天井走行クレーンで順次降ろしていく。
O	鹿島カットアンドダウン工法（鹿島建設）	「だるま落とし」のように建物上部をそのままにして、最下部に大型油圧ジャッキを設置し、建物を支持して下層階から解体する工法である。水平力を支持するため建物内部に耐震壁を構築する。
P	竹中ハットダウン工法（竹中工務店）	建物外周の足場（防音パネル付き）を建物外周の本設柱から反力を取り、電動スクリュージャッキでジャッキダウンさせながら解体する工法。解体は囲いの中で大ブロックに解体し、内部の開口から天井走行クレーンで順次降ろしていく。
Q	竹中グリップダウン工法（竹中工務店）	「だるま落とし」のようにタワー（鉄塔）の柱を仮設ガイドフレームから圧着固定した把持金物を油圧ジャッキで懸垂支持し、連続降下させながらタワーを下部から解体する工法。

いとしき建築世界

巻頭のパノラマ図はファンタジーとして作者の好みにまかせて描いたものです。

まずは本文に応じ建設風景をテーマにしました。認識できるかどうか？　は別としてメディアに流れる最新施工技術の表現はもちろんですが、現場の実経験や折々に描いたイラスト、また保存したスクラップ資料などからアーカイブ的にモチーフを引き出しました。古くさい工法は、うまく言えば「施工史」気どりになりますが、単に描き手の趣味世界、ノスタルジーそのものです。そんな風景を実在、架空織り交ぜ、同時に古今東西の有名建物をちりばめました。憧れの安野光雅さんにあやかりながら、私なりに建築の魅力を感じてもらえればと思っています。

歴史的建造物から有名建築家の作品、抒情的家並み、あげくは神話に廃墟まで入れる始末。そうなると欲は高じ、建物を通じて黒澤監督「羅生門」など映画風景まで持ち込む。いやいや、描いていると遊び心がつい「描けよ！」と命じてくるのです。リストに入ってないものの、キングコングやゴジラ、ジブリのアニメからもアソビは潜んでいます。

描き手の年柄、若い人にはピンと来ないものは、まことに恐縮です。でも、いずれは感じる「いとしき建築世界！」と私は想っています。

とるに足りない小さな小さな画の集合ですが、興味やいっときの息抜き、ニヤリとなれば作者の本望です。

2021年9月末日

川崎一雄

おわりに

　いかがでしたでしょうか。「これから建設業界に進もうとする学生に活躍の場の広さを知ってもらい、夢や希望を持ってほしい」という考え方のもと、私が長年経験してきた建築現場での実践をご紹介してきました。実はものづくりにはさまざまな世界があるのだと、本書を通してお分かりいただけたのではないでしょうか。

　本書で紹介した建築現場は、会社によって組織の名称、業務内容に若干の違いがあると思いますが、現場における生産活動はほとんど変わりませんので安心してください。

　建物をつくる仕事は、ものづくりの楽しさや建物ができ上がった時の達成感など、他では味わえない感動があります。それは地球上に一つしかない、単品受注生産の産物であるからです。そこには建築主や設計者、施工者のさまざまな想いが込められています。無から有を生じさせる醍醐味のある仕事なのです。

　もちろん、仕事ですから楽しいことばかりではありません。大変さもあります。でも、そこを乗り越えた先のワクワク感をぜひ皆さんにも経験してほしいと願っています。

　最後になりますが、本書は、これまでともに働いてきた竹中工務店の皆さまとの貴重なかかわりから紡ぎ出されたものです。すべての関係者の方々に、心よりお礼申し上げます。また、執筆にあたりご支援して頂いた加藤亮一さん（とうりょう、元鹿島建設）、貞永誠さん、松尾享さん、堀江邦彦さん（竹中工務店）に敬意を表します。そして、イラストで紙面を親しみやすくしてくれたイラストレーターの川﨑一雄さんに感謝いたします。本書の出版にあたっては、彰国社の方々、編集部の大塚由希子さんにはいろいろなアドバイスをいただきました。この場を借りてお礼申し上げます。

2021年10月
木谷宗一

【人生の道しるべ】

あの道　この道

ジョン・オクセンハム

誰が通ってもよい道
高い魂は高い道を登り
低い魂は低い道をさぐる
その間のおぼろげな平地を
あちらこちらと、さまよう者もある
しかし、誰が通ってもよい道
高い道、登り道
低い道、下り道
かくて誰でも
その魂の望むがままに選ぶ道

引用・参考文献

◉ 日本経済新聞社編『日経業界地図２０２１年版』日本経済新聞出版、２０２０
◉『会社四季報業界地図２０２１年版』東洋経済新報社、２０２０
◉『建設オピニオン』より（今井新一 ESSAY「千人坊主」）
◉ ビジネスコンサルタント研修資料
◉ 西岡常一『宮大工棟梁・西岡常一「口伝」の重み』日本経済新聞社、２００５
◉ 小川三夫『棟梁　技を伝え、人を育てる』文藝春秋、２００８
◉『Engineering News-Record』August 17/24.2020
◉『日本建築学会の技術者倫理教材』日本建築学会、２０１４
◉ 竹中錬一『わが道 品質経営』竹中工務店、１９８８
◉『建設業ハンドブック２０２０』日本建設業連合会
◉ 遠藤功『現場力を鍛える「強い現場」をつくる7つの条件』東洋経済新報社、２００４
◉ 林田正光『リッツ・カールトンで学んだ仕事でいちばん大事なこと』あさ出版、２００４
◉ 内田和成『右脳思考』東洋経済新報社、２０１９

【学生・新入社員へのオススメ本】

◉ 藤尾秀昭『1日1話、読めば心が熱くなる３６５人の仕事の教科書』致知出版社、２０２０
◉ 岩瀬大輔『入社1年目の教科書』ダイヤモンド社、２０１１
◉ 西村克己『1分間ドラッカー　最高の成果を生み出す77の原則』SBクリエイティブ、２０１０

著者略歴

木谷宗一
（きや そういち）

一級建築士・1級建築施工管理技士。1971年竹中工務店入社。作業所、竹中技術研究所、東京本店技術部を経て、生産本部建築技術部長、技術管理部長、専門役を歴任。2018年退社。2018年TAKエンジニアリング入社。2021年退社。

主なプロジェクト◉新宿住友ビル、朝日生命多摩本社ビル、東京都臨海副都心清掃工場、宮城県総合プール、大館樹海ドームほか16プロジェクト。

業歴◉早稲田大学、東京工業大学、ものつくり大学非常勤講師（2005～2018）、日本建築士会連合会監理技術者講習会講師（2014～現在）。日本建設業連合会生産委員会施工部会長（2012～2020）として、建設業界の品質確保、生産性向上に携わる。建築工事適正工期算定プログラムを開発（2014～2021）。東京大学（T-ADS）デジタルファブリケーションによるパビリオン（TOCA）製作（2015）、シンガポールBCA Academyでの「建設生産性向上に向けた先進技術」講演（2017）。官庁営繕事業「生産性向上技術の導入検討委員会」、中央建設業審議会「工期に関する基準」の専門委員（2019～2020）など。

受賞◉作業所活動における建設大臣賞、労働大臣賞、BCS賞、体験型研修プログラムにおける日本建築学会賞教育賞・日本能率協会KAIKA賞。

著書◉『施工がわかるイラスト建築生産入門』『施工がわかるイラスト建築生産入門ワークブック』『The Japanese Building Process Illustrated 英訳 施工がわかるイラスト建築生産入門』（監修、彰国社）、『発注者・設計者・監理者・施工者のための建築技術者が知っておきたい施工の心得』（共著、日本建築士会連合会）など。

イラストレーター略歴

川崎一雄

（かわさき かずお）

一級建築士。1946年広島県尾道に生まれる。1965年広島県三原工業高等学校建築科卒業。竹中工務店、本城アトリエを経て1981年川崎パース工房を設立、現在に至る。

建築・施工の現場など実際の経験に裏付けされた精密なパース、ユーモアのある楽しいイラストには定評がある。

イラストを担当した書籍は『施工がわかるイラスト建築生産入門』『建築の絵本 建築構造のしくみ』ほか多数。

[illegible]

[illegible]

建築現場ものづくり魂！

2021年12月10日　第1版 発　行

著　者　木谷宗一
イラストレーション　川﨑一雄
発行者　下出雅徳
発行所　株式会社　彰国社

著作権者との協定により検印省略

自然科学書協会会員
工学書協会会員

162-0067 東京都新宿区富久町8-21
電話　03-3359-3231（大代表）
振替口座　00160-2-173401

Printed in Japan

©木谷宗一・川﨑一雄　2021年

印刷：真興社　製本：誠幸堂

ISBN 978-4-395-32171-1 C3052　https://www.shokokusha.co.jp

本書の内容の一部あるいは全部を、無断で複写(コピー)、複製、および磁気または光記録媒体等への入力を禁止します。許諾については小社あてご照会ください。

彰国社の本

【大好評テキスト】

建築現場の世界を知りたい人に！

施工がわかるイラスト建築生産入門

一般社団法人 日本建設業連合会編　イラスト◉川﨑一雄　A4判・208頁

ひとつの建物ができるまでのストーリーを、圧巻のイラスト800点で紹介。建築現場の技術を集結したものづくりにはどんな人たちがかかわり、役割があるのか。工事の流れに沿って進む建築作業をわかりやすくまとめました。

力だめしができるテキストブック！

穴埋め式 施工がわかる建築生産入門ワークブック

一般社団法人 日本建設業連合会編　イラスト◉川﨑一雄　A4判・152頁

『施工がわかるイラスト建築生産入門』をベースに建築生産分野初の書き込み式ドリルが誕生しました。書いて覚える。見開き完結の学びやすい構成になっています。

丸ごと一冊英語の本！

The Japanese Building Process Illustrated
【英訳】施工がわかるイラスト建築生産入門

一般社団法人 日本建設業連合会編　イラスト◉川﨑一雄　A4判・208頁

日本の建築技術、ついに世界へ！
『施工がわかるイラスト建築生産入門』の完全英語版。
ゼネコンの海外事業展開での活用、海外の技術者や留学生への教育に最適です。

建築生産の知識を俯瞰できる決定版！

図表でわかる 建築生産レファレンス

佐藤考一・角田誠・森田芳朗・角倉英明・朝吹香菜子　四六判・224頁

日本経済を支える産業分野のひとつ「建築生産」。
建築物をつくるにあたって、企画・設計・施工の活動を
多くの図表とコンパクトな文章で紹介。
建築生産の歴史的背景から、産業構造の変化や
業務領域などの広範囲なテーマをまとめました。

【現場で役立つ】

楽しく読めてなるほどナットク！

マンガでわかる建築施工

松井達彦・佐々木晴夫監修　髙橋達央 原作・漫画　B6判・240頁

建物を建てるとき、どんな工事があって、どういう手順で進めればよいのか。大学生の隆平君と白鳥さんを取り巻く登場人物たちが、設計から施工、完成までの流れをマンガで紹介します。丁寧な解説付き。

大人気シリーズ第8弾！

ゼロからはじめる 建築の［施工］入門

原口秀昭　四六変型判・304頁

アキラ&ミキちゃんコンビで贈る、建築施工入門。Q＆A方式とツボを突いたイラストで、現場経験がなくても建築施工の流れと要点がつかめます。

オモシロ語源が満載！

学校では教えてくれない 施工現場語読本

秋山文生　四六変型判・192頁

施工現場では、ワケのわからない専門用語が飛び交うことがあります。
なかにはクスッと笑える語源や、壮大な現場の歴史が垣間見えるものも。
90の施工現場語を紹介します。

若手技術者必読！

写真でわかる 建築施工管理のチェックポイント

逸見義男・鈴木康夫・塚本正己監修　建築施工管理研究会著　B5判・124頁

現場で行う施工管理の基本的な知識が身につくように、
工事別のチェック項目や現場写真を多用し、
作業の流れを丁寧に解説しました。

執筆者の実体験が元ネタ！

新現場マンのための施工管理者養成講座

施工管理者養成委員会編著　B5判・212頁

入社2年目の新人が、S出版社の施工管理をするという設定で、
工事着手前の起工式から各種工事を経て竣工式に至るまでを、
リアルな会話形式でまとめました。

【建築世界へようこそ】

生き方のヒントが満載！
いまはまだない仕事にやがてつく君たちへ
建築家・三浦丈典が未来への悩みにこたえる
三浦丈典　四六変型判・224頁
建築家・三浦丈典がさまざまな人たちから寄せられた悩みにこたえながら、
建築をつくることだけが仕事ではない、未来の仕事や生き方をやさしく解説します。

世界が広がるシューカツ読本！
建築文化シナジー 建築学生のハローワーク 改訂増補版
五十嵐太郎 編　四六判・288頁
建築を学んだあとに進む道は、建築家だけではありません。
紹介する52の職種には、えっ?! と思うような仕事に就いた先輩たちがたくさんいます。
国内外で活躍する建築出身29人のインタビューも収録。

大人でも楽しめます！

14歳からのケンチク学

五十嵐太郎編　四六判・336頁

中学・高校で学ぶ18科目の授業にあてはめながら、
さまざまな分野で活躍している建築家が「建築」のおもしろさを紹介します。

建築の可能性は無限大！

「建築学」の教科書

安藤忠雄・石山修武・木下直之・佐々木睦朗・水津牧子・
鈴木博之・妹島和世・田辺新一・内藤廣・西澤英和・
藤森照信・松村秀一・松山巌・山岸常人　A5判・304頁

さまざまな分野で活躍する建築家が、独自の世界観で
教科書には載らない「ケンチクというガクモン」を紹介します。
いろいろな角度から「読む・見る・学ぶ」が見つかります。